Das Hängemattenbuch
Geschichten von der Liebe

Das Hängematten-buch

Geschichten von der Liebe

Herausgegeben von German Neundorfer

HERDER

FREIBURG · BASEL · WIEN

HERDER spektrum Band 7182

MIX
Papier aus verantwortungsvollen Quellen
FSC® C106847
FSC
www.fsc.org

Originalausgabe

www.herder.de

Umschlaggestaltung: Designbüro Gestaltungssaal
Umschlagmotiv: © Designbüro Gestaltungssaal

Satz: Arnold & Domnick, Leipzig
Herstellung: fgb · freiburger graphische betriebe
www.fgb.de

Printed in Germany

ISBN 978-3-451-07182-9

Inhalt

1. Kapitel

Vom Suchen und Finden

TANIA KONNERTH

Augenblick

Manchmal ist es nur ein Augenblick –
und es ist um uns geschehen.
Ein winziger Moment nur
und unser Leben verändert sich.

Warum?

Weil wir zu lieben begonnen haben.

MARY GEROLD

»Natürlich ging ich nicht hin ...«

Sonntag, 11. November 1917
Ich beachte Tucholsky gar nicht. T. zieht schnell die Mütze, winkt mir mit dem Finger und sagt: »Komm her!« – Ich war baff und kümmerte mich nicht um ihn. Beim Vorübergehen sagte er: »Sie haben nicht Ihre eigene Stimme«. – »Was ist Ihnen?« frage ich. »Danke, mir ist gut!« Sie haben nicht Ihre Stimme, Sie haben die Stimme von oben. – Ich war sprachlos, zuckte die Achseln und ging fort. –

Montag, 12. November 1917
T. schiebt mir einen Brief zu. Ich lege schnell ein Buch drauf. – Ist der Mensch gerieben! Er sieht sehr gut aus und ist furchtbar mokant. – Als er gegangen war, öffnete ich nach einer Weile den Umschlag, darin war ein mit der Maschine geschriebenes Billet, das lautete: »Man ist begierig, die Stimme noch einmal,

länger und ausführlicher, zu hören und bittet um Benachrichtigung, ob man Sie heute abend um 7 Uhr zu ein klein wenig Sekt erwarten darf. Ein kurzer Besuch im Geschäftszimmer der Leihbibliothek – am besten um 12 Uhr – ist willkommen. Mit einem schönen Gruß in ein Paar lustiger Augen. –«

Natürlich ging ich nicht hin.

Dienstag, 13. November 1917
T. sieht durchs Fenster und fragt, ob es in Riga angebracht sei, auf einen Brief nicht zu antworten, weder mit ja noch mit nein. Ich sagte ihm, ich sei nicht gewohnt, von fremden Männern derartige Aufforderungen zu bekommen.

Donnerstag, 15. November 1917
Ich ging absichtlich nicht in die Bibliothek. Um 3 Uhr im Büro übergab mir Ratsch einen Brief von T. Auf dem Kuvert steht: »An 1), 2), 3) und im Brief:

Mary Gerold
Bouquet
Dickerchen

werden gebeten sich nach dem Abendbrot bei mir einzufinden. Zu rauchen gibt es, zu trinken und zu reden, je nach den Geistesfähigkeiten usw.«

– Wir gingen nicht. –

Freitag, 16. November 1917
Bouquet erzählte, sie sei in der Bibliothek gewesen. T. sei wütend, habe gesagt, daß es unfein sei, nicht zu antworten.

Sonnabend, 17. November 1917
Beim Kaffeetrinken sehe ich durchs Fenster und da geht »Dickerchen« (T.) übern Marktplatz. Als ich um 8 ins Büro gehe, kommt er zurück, sehr ernst und sieht sich nicht nach mir um.

Nach dem Mittagessen gehe ich mit Leimann den Weg zum »östlichen Kriegsschauplatz« und – wir treffen Dickerchen. Ich gehe hochnäsig an ihm vorüber. Ich hatte meinen freien Nachmittag. – Es ist kurz vor drei. Dickerchen geht zur Druckerei. Ich rieche den Braten. Es ist 5 nach 3 – ich gehe den Weg zur Kirche. Da sehe ich ihn übern Marktplatz gehen … Und da ist er schon neben mir: »So'n dummer Junge, kaum hat er das Mädel erblickt, so kommt er ihr auch schon nachgelaufen.« – Wir reden und reden, über die Einladung, über Frauen, über »das« … Morgen um ¼ 5 wollen wir uns auf dem östlichen Kriegsschauplatz treffen.

Abends brachte Ratsch mir ein riesengroßes Kuvert von Dickerchen. Zigaretten und ein Gedicht. Wir sprachen auf unserem Spaziergang über die Deutschen und die Russen, und ich äußerte, daß die Russen viel galanter sind …

Sonntag, 18. November 1917

Nachmittags ging ich mit Ratsch in die Bibliothek zu Dickerchen, um ihm zu sagen, daß ich nicht zu unserer Verabredung käme, weil es regnet. Wir verhandelten lange, bis wir übereinkamen, zu dritt einen gemütlichen Abend zu verbringen. Um 7 Uhr erwartete er uns in der Bibliothek. In seinem Zimmer war der Tisch gedeckt, eine jede hatte eine Tischkarte. Auf meiner stand: »Fräulein Mary Gerold. Guten Appetit und ein fröhlicher Winter!« Der Abend verlief recht ernst. T. widmete sich mehr Ratsch, was mir sehr willkommen war. T. u. ich, wir benahmen uns, als ob wir uns eben kennen gelernt haben. Ich hörte nur zu, denn er erzählt interessant und ist sehr klug. Gut sieht er auch aus, obwohl er keine Erscheinung ist, sein Profil ist großartig: eine hohe gewölbte Stirn, eine schön gebogene Nase, ein sinnlicher Mund und die Augen spitzbübisch! – Sein Gang seine Bewegungen verraten sein übersprudelndes Temperament. –

Als wir im Bett lagen sagt Ratsch zu mir: »Hör, er ist verkracht in dich.« Ich mache das dümmste Gesicht und bestreite das. »Nein«, sagt sie, »das fühle ich, du mußt nicht denken, daß ich eifersüchtig bin.« – Als wir uns von T. bei ihm verabschiedeten, küßte er einer jeden die Hand und flüsterte mir zu: »Doch ...« –

Montag, 19. November 1917

Ratsch übergab mir einen Brief vom Dickerchen. Er schreibt wieder so nett. – Ich fürchte mich vor seinen weichen, zarten Händen und vor seiner Art mit Frauen umzugehen ...

Nachmittags ging ich mit Ratsch zu Dickerchen. Er wollte mit uns spazieren gehen, doch ich wollte mich nicht am hellichten Tag mit ihm zeigen, damit es morgen in aller Mund ist. Er sah es ein. – Ich muß über ihn lachen, er sieht wie ein richtiger Gamin aus, wenn er seine Mütze aufstülpt u. sein pfiffiges Gesicht macht ... Aber Mary, du wirst doch nicht Feuer fangen? – Mach keine Dummheiten, sei vernünftig, denk daran: zuletzt ist Leid der Lohn der Liebe ...

Mittwoch, 21. November 1917

Um 12 Uhr erwartete er mich und begleitete mich nach Hause. Er bat mich sehr, heute zu ihm zu kommen, ohne Anstandswauwau.

Ich ging hin. Er sprach lange und eindringlich auf mich ein, ich saß da und – schwieg, und verstand gar nicht den Kern der Sache. – Die Uhr lag auf dem Tisch – die Zeit verging viel zu schnell.

Freitag, 23. November 1917

Mittags erwartet mich Dickerchen, gratuliert zur neuen Wohnung und übergibt mir ein Päckchen: es ist »Rheinsberg. Ein Bilderbuch für Verliebte« von Kurt Tucholsky. Ich habe es flüchtig gelesen. Zweifellos sind es seine Erlebnisse. »… Mädchen, werft eure Ketten weg – tanzt, tanzt …« Das Buch beschäftigt mich, in jedem Wort erkenne ich ihn.

Als ich Mittwoch bei ihm war und er mich um meine Freundschaft bat, fragte ich – wozu? Als er mich aufs Haar küssen wollte – warum? –

Sonnabend, 24. November 1917

Plötzlich fragt er mich, wie es denn wäre mit einer Bruder- und Schwesternschaft, ich fragte ihn, wie er sich denn das vorstelle:

»Natürlich nicht in der Öffentlichkeit, sondern in den wenigen Stunden, die ich ihm schenken werde.« – Ich lehnte es ab. Da fragte er mich, wie ich es mir denn vorstelle … »Ja was denn?« – »Ich will Sie nicht nur als Freundin, ich will Sie ganz.« – Mir war es wie ein Schlag ins Gesicht. Ich hatte alles, was wir bisher geredet hatten, als Scherz aufgefaßt, aber nun fing ich an zu begreifen, daß es ernst war. –

»Ich verstehe Sie nicht.« –

»Ist das Ihr Ernst« – »Ja, mein voller Ernst.« – Er war erregt.

»Ja wie haben Sie sich denn eine Freundschaft zwischen Mann und Frau vorgestellt? ohne das?« –

»Ja, das habe ich mir vorgestellt.« –

»Ich kann das nicht. Ich kann mit einer Frau freundschaftlich gesellschaftlich verkehren, wenn sie mir gleichgültig ist, aber nicht mit einer Frau, die ich gernhabe …«

Ich verstummte, ich erstarrte … Ich hatte es nicht für möglich gehalten, daß ein Mann bei mir das voraussetzen könnte. »Da haben

Sie sich wieder einmal sehr in mir getäuscht, was denken Sie überhaupt von mir?« –

»Ich weiß sehr wohl, daß Sie eine junge Dame sind, und darum frage ich Sie, Sie können darauf antworten, wie Sie wollen, ich habe bisher diese Frage an jede Frau gerichtet, die ich gern habe.« –

Ich fühlte mich erschüttert, aus dem Gleichgewicht geworfen, daß ich ihm fast nichts antworten konnte. »Bei mir wird das nie der Fall sein.« – »Und warum nicht?« –

Ich schwieg ... »Moral, Anstand, Sitte, Erziehung?« – »Ja!« – »Das sind ja ganz schöne Worte, aber ist das wirklich Ihre Meinung?« – »Ja, was dachten Sie, daß ich mich einem ersten besten hingeben würde, mich wegwerfen?« – »Erstens bin ich nicht der erste beste ...« – »Gut.« – »Hingeben, wegwerfen, pfui scheußlich ..., es kommt doch darauf an, wie man es ansieht: schmutzig oder sauber, ich habe es nie schmutzig angesehen! – Mary, Ihr Verstand sagt nein, aber nicht Ihr Blut ...« – »Wollen wir das Thema wechseln, es ist mir entsetzlich, solch ein Gespräch zu führen.« –

»Ist es denn wirklich so tragisch, so furchtbar, müssen Sie mich deshalb mit so einer eisigen Kälte behandeln, mit Eisstücken nach mir werfen ...?«

Er lächelt vielleicht über mich, wie ich mich gestern benommen habe, ich konnte nicht anders, ich war empört, zutiefst beleidigt. Er hat mich vom ersten bis zum letzten Augenblick verkannt – und ich habe ihn *nicht* verstanden. Ich hielt alles für Scherz, ich duldete Gespräche, weil ich sie für Scherz hielt. Wie oft sagte er mir, er wolle nichts von mir, das andere könne er doch viel leichter und einfacher bei einer anderen haben, er habe mich gern, um meiner selbst willen, ich soll doch nicht so mißtrauisch ihm gegenüber sein. – Ich konnte es einfach nicht fassen, daß er auch nur einen Augenblick geglaubt hat, mir *das* zuzumuten.

Sonntag, 25. November 1917

Ich holte Ratsch ab und wir gingen in die Kirche zum Konzert. Es hatte schon angefangen. An der Tür stehen mehrere Offiziere und – Dickerchen. Wir sahen uns an ... Nur nicht denken, nur nicht grübeln. Ich habe das Empfinden, schade, daß es so hat enden müssen ... Aber besser jetzt als später.

Donnerstag, 29. November 1917

Eigentlich freue ich mich, daß es so mit Dickerchen kam, – daß er trotz seiner immer wieder betonten »Frauenkenntnis« sieht, daß es lustige vernünftige Mädel gibt – und die *nicht* zu haben sind.

Freitag, 30. November 1917

Es ist ½ 9 Uhr. Tucholsky ist zu Steudel gekommen. Die Tür steht offen. Ich sah mich um, er sah her. – Ich muß lachen. Mein Herz schlägt etwas schneller, nicht für ihn, nur so.

Dienstag, 1. Januar 1918

Um 4 Uhr gehen wir zu Meyer. Mit T. formelle Begrüßung, wir reichten uns die Hand – aber ich tat es sehr schnell und kalt. Ich war die ganze Zeit mit Wingler. Aber ich merkte, daß T. mich ansah, und wenn ich zu ihm hinübersah, sah er rasch wo anders hin und … lächelte. Zum Abendbrot, als ich den Zucker ausstreute, rief T. »das bringt Glück« – Ob? – und dann hielt er eine Rede auf uns, den Damenflor und gab einer jeden einen Blumennamen. Die Rede war kurz, aber geistreich und so witzig, wie ich noch keine Rede gehört habe. Ratsch – das bescheidene Veilchen; Schilinski – Rose, Mary – Lilie, Schwarzkopf – Stiefmütterchen, Mariechen – freche Sonnenblume, ich – Mimose … Zu Hause, als ich schon im Bett lag, sagte mir Ratsch, sie hätte mir etwas zu sagen. T. hat mit ihr gesprochen und sie gebeten, die Vermittlerin zu spielen. Er möchte sich bei mir entschuldigen, aber fürchtet, ein schroffes »nein« zu erhalten. »Sie haben doch *Ersatz*« hat Ratsch ihm gesagt. »Ja – Ersatz …« hat er geantwortet. Ich lag noch lange wach und dachte nach. Er ist der *einzige* in Autz gewesen, der mich interessiert hat!

Donnerstag, 3. Januar 1918
Warum fängt er wieder an? Gutes erwarte ich davon nicht, – nur Pein und Qualen … Sonnabend, 5.

Januar 1918
Meine Gedanken beschäftigen sich dauernd mit T. … Es waren zwei Königskinder, die hatten einander so lieb, die konnten beisammen nicht kommen, das Wasser war viel zu tief …

WILHELM BUSCH

Jähes Erwachen

Welche Augen! Welche Miene!
Seit ich dich zuerst gesehen,
Engel in der Krinoline,
Ist's um meine Ruh' geschehen.

Ach! In fieberhafter Regung
Lauf' ich Tag und Nacht spazieren,
Und ich fühl' es, vor Bewegung
Fang' ich an zu transpirieren.

Würde deiner Augen Sonne
Einmal nur mich freundlich grüßen,
Ach! Vor lauter Lust und Wonne
Schmölz' ich hin zu deinen Füßen.

Aber ach! Aus deinen Blicken
Wird ein Strahl herniederwettern,
Mich zerdrücken und zerknicken
Und zu Knochenmehl zerschmettern.

LISA KESSLER

Wie wir uns verlieben

Die ersten Worte, die mein Mann an mich richtete, sind mir noch immer bildhaft und lebendig gegenwärtig, obgleich zwanzig Jahre zwischen dem Aussprechen und der Erinnerung liegen.

An einem sonnigen Nachmittag des letzten Jahrhunderts saß ich als Studentin in meinem spärlich möbilierten Zimmer von etwa zwölf Quadratmetern am Schreibtisch und arbeitete an einer Hausarbeit zu dem Politologie-Grundkurs *Internationale Beziehungen* bei Prof. Dr. Ernst-Otto Czempiel an der Frankfurter Universität, als es an der Haustür läutete.

Meine langjährigen MitbewohnerInnen Michel, Peter und Gaby waren unterwegs. Ich war allein in der Wohnung – ein seltener Zustand der Ruhe – und niemand sonst hätte die Tür öffnen können.

Als ich gedankenvoll, mit dem Aufbau des nächsten Kapitels beschäftigt, den mit Fahrrädern, Schränken und Kameraausrüstungen zugestellten Flur entlanglief, wusste ich noch nicht, dass mich an ausgerechnet diesem Donnerstag, einem bis zu diesem Zeitpunkt ganz gewöhnlichen Tag, in nur sieben Sekunden der Blitz treffen und sich mein bisheriges Dasein grundlegend verändern würde. Und dass das neue Kapitel *Beziehung*, das sogleich beginnen würde, mich weitaus mehr beschäftigen würde, als es internationale politische Beziehungen jemals vermochten.

Indem ich die Tür öffnete und nichts erwartete, öffnete ich mein Herz und erblickte IHN!: das Ich im Du und das Du im Ich, den Mann an meiner Seite und den Vater unserer Kinder.

Und bevor sich der Mund mit den schmalen Lippen in dem schönen, freundlichen Gesicht öffnen konnte, hatte mein Gehirn IHN schon eingescannt, mit einem Röntgenblick durchleuchtet und auf der Festplatte gespeichert, wo er bis zum Ende meiner Erinnerung unauslöschbar bleiben wird.

»Ist Peter da?«, wollte er von mir wissen.

Peter? Wer zum Teufel war Peter doch gleich?

Erklär mir, Liebe, was ich nicht erklären kann, lautet eine Gedichtzeile des fast gleichnamigen Gedichts von Ingeborg Bachmann. Die Liebe bietet Erklärung für so vieles: Geduld und Lebensglück, Mut und Stärke, Mord und Totschlag. Aber lässt sich die Liebe selbst erklären?

Ist Liebe das Hingezogensein zu einer Person, die, obwohl wir sonst soviel Wert auf unsere Freiheit legen, unser Denken und Handeln bestimmt? Die uns motiviert, das Beste aus uns herauszuholen, über unseren Schatten zu springen und endlich der oder die zu werden, die wir eigentlich sein wollen? Und warum verlieben sich Frauen und Männer überhaupt?

Zwischen meinem zukünftigen Mann und mir lag an diesem Tag nur eine Türschwelle.

Viele Jahre später sollte er mich über eine Türschwelle tragen, um den bösen Hausgeistern keine Macht zu geben. Wir wahrten den obligatorischen Körperabstand von mindestens sechzig Zentimetern Distanz, der zwischen fremden, aber auch bekannten Menschen als angenehm empfunden wird.

Und obwohl ich sonst immer als Letzte den Braten rieche, soll mein Geruchssinn und nicht etwa ich über all das, was mein Leben bis heute ausmacht, in Sekundenschnelle entschieden haben? Das behauptet zumindest die biochemische Wissenschaft. Denn die entscheidende Prüfstelle der Partnerwahl passiert angeblich nur der, der das Interesse der Nase zu wecken vermag. Und anders als die Psychologie behauptet, gilt hier: Gegensätze ziehen sich an. Interessant ist der Nase nach nur, wer über möglichst komplett *andere* »Major Histocompatibility Complex-Gene« verfügt als man selbst. Dazu muss man wissen, dass MHC-Gene hauptsächlich der Immunabwehr dienen und die Evolution in uns auf der Suche nach dem größtmöglichen Immunabwehrsystem aller Zeiten ist, das nur durch die Fusion zweier völlig unterschiedlicher Genpools hergestellt werden kann. Naturwissenschaften können sehr philosophisch sein. Kurz, die Biochemie glaubt: Wir verlieben uns, weil es das Leben gibt.

Der Zustand der Verliebtheit lässt sich nicht in unserem Herzen, sondern ganz sicher in unseren Gehirnen nachweisen. Sollten Sie also in Bezug auf Ihre Partnerwahl noch Zweifel haben, vereinbaren Sie bitte einen Termin bei einem Arzt Ihres Vertrauens.

Der Neurobiologe Andreas Bartels untersuchte die Gehirnstruktur verliebter Menschen, indem er sie in einem Kernspintomografen Fotos ihrer Liebsten anschauen ließ. Er beobachtete, dass bei Verliebten nur diejenigen Hirnareale aktiv sind, die als Lust- oder Belohnungszentrum bezeichnet werden. Große Bereiche des Gehirns sind bei Verliebten völlig ausgeschaltet. In besonderem Maße jene, die uns für eine abwägende

Beurteilung von Menschen durchaus hilfreich sind, zuständig etwa für die angeborene Distanz zu fremden Menschen und das Empfinden von Angst.

Der sprichwörtliche Blick durch die rosa Brille wird durch eine veränderte Neurotransmitterausschüttung im Gehirn verursacht. Der Serotoninspiegel sinkt auf ein gefährliches Niveau, während die Adrenalin- und Dopamin-Spiegel stark ansteigen. Alles Gründe, um auf Wolke sieben zu schweben, Schmetterlinge im Bauch zu haben oder ganz einfach verrückt vor Liebe zu sein.

Die italienische Psychiaterin Donatella Marazzitti vergleicht den Zustand der Verliebtheit mit einem Drogenrausch oder einer Zwangserkrankung – mindestens vier Stunden täglich, so die Wissenschaftlerin der Universität Pisa, kreist das eigene Denken immer wieder um den anderen, diesen wundervollen Menschen, der sonderbarerweise in unser Leben getreten ist.

Man muss nicht Drogen nehmen, um singen zu können: *»Deine Liebe ist gefährlicher* *als kolumbianisches Kokain«*, wie es Carla Bruni tat. Man muss nur wissen, dass Kokain die Dopaminausschüttung aktiviert – so wie der herrliche und ganz legale Zustand des Verliebtseins.

Wenn schließlich die Adrenalin- und Dopaminausschüttung nachlässt, weil kein Rausch von Dauer ist, wird die Beziehung beendet – oder aber das Hormon Oxytocin, dessen Wirkung mit dem eines Opiats vergleichbar ist, wird ausgeschüttet. Es wirkt beruhigend, euphorisierend und hilft beim Aufbau einer Partnerschaft, indem es die Beziehung zu intensivieren vermag.

Ist also der Moment, in dem die Hormonumstellung vonstattengeht, der Moment, in dem aus Verliebtheit Liebe wird? Und ist etwa alles nur Chemie?

Auch wenn alles Chemie ist, kann doch Chemie nicht alles sein, allen wissenschaftlichen Untersuchungen und dem Versuch der Versachlichung zum Trotz. Denn dann gingen Paare mal eben schnell gemeinsam zur Hormon- und nicht ewig lange zur Paartherapie. Es gäbe nicht unzählige Lebenshilfebücher, die uns theoretisch zu erklären versuchen, wie es praktisch funktioniert. Mit der Liebe und dem Leben. Ein Leben lang.

Wenngleich die gegenseitig empfundene Liebe – »*was immer Liebe auch ist*«, wie der englische Kronprinz Charles der Weltöffentlichkeit 1981 anlässlich seiner Verlobung mit Lady Diana Spencer lakonisch erklärte – die Basis des Zusammenlebens ist: Es müssen sich neben den beiden Hormonhaushalten schon noch andere Gründe finden lassen, damit eine Partnerschaft Bestand haben kann. Anders als bei den biochemischen Vorgängen, die wir zuvor durchlaufen haben, gilt für die Psychologie des Zusammenlebens nämlich das Sprichwort: Gleich und Gleich gesellt sich gern.

Die beiden Ausnahmen der Regel sind schnell genannt: Dominante Menschen suchen Menschen, die unterwürfig sind; aggressive Typen suchen Verängstigte. Und umgekehrt.

Eine wohltuende Beziehung jedoch zeichnet sich in der Regel durch Ähnlichkeiten und Gemeinsamkeiten der Partner aus. Die Fürsorge für die gemeinsamen Kinder oder gemeinsame Immobilien und Kreditverpflichtungen sind gute Hilfsmittel, bessere Anlagen sind jedoch – auf Dauer gesehen – einvernehmliche Interessen, Ansichten und dem Alltag übergeordnete Lebensziele.

Der Hamburger Psychologieprofessor Burghard Andresen stellt die These auf, dass es neben der Grundpersönlichkeit, die fast nur in Nuancen zu ändern ist und die wir manchmal als Bürde empfinden, auch eine Beziehungspersönlichkeit gibt: Diese Facette unseres Ichs ist nicht identisch mit dem Wesen, das wir im Alltag und im Beruf zeigen. Oder mit der Rolle, die wir auf der Elternbeiratssitzung einnehmen. Denn die Frau, die im Alltag ihren Mann steht, sucht in einer Beziehung unter Umständen die starke Schulter zum Anlehnen, die sie scheinbar gar nicht nötig hat. Und ausgerechnet der Mann, der immer allein sein Ding durchzieht, möchte eventuell eine Partnerschaft des geistigen und seelischen Austauschs; ein Gegenüber, mit dem er sich vertrauensvoll besprechen kann.

Der Hamburger Forscher geht davon aus, dass die Beziehungspersönlichkeit nicht nur durch Erbanlagen und Beziehungserlebnisse geprägt wird, sondern auch durch Kultur und Zeitgeist, Hoffnungen und Sehnsüchte. Die Übereinstimmung der Beziehungspersönlichkeiten ist für den Bestand einer Partnerschaft entscheidend, resümiert er. Nur dann lassen sich auch schwierige Situationen und Zeiten meistern, an denen eine Partnerschaft nicht zerbrechen muss, sondern aus denen sie gestärkt hervorgehen kann.

Die meisten Paare lernen sich im Freundeskreis oder am Arbeitsplatz kennen. Die Überschneidung der Lebensbereiche ist eine gute Voraussetzung dafür, dass aus der Beziehung etwas werden könnte – vorausgesetzt natürlich, die schon erwähnten MHC-Gene sind gänzlich verschieden.

Wer die Partnersuche nicht nur dem Zufall oder dem Bekanntenkreis überlassen will, sucht strategisch nach Mr. oder Mrs. Right. Einer Studie des Medien- und Sozialforschungsinstituts Emnid zufolge ist der virtuelle Raum als Begegnungsstätte potenzieller Paare von immer größerer Bedeutung. Aber anders als die beiden Protagonisten Leo Leike und Emmi Rothner in dem Bestseller von Daniel Glattauer *Gut gegen Nordwind* und dessen Fortsetzung *Alle sieben Wellen* begegnen Frauen und Männer sich dort nicht zufällig, sondern gezielt.

In Deutschland klicken sich sieben Millionen Menschen zwischen fünfundzwanzig und fünfzig Jahren Monat um Monat durch die Singlebörsen des Internets. Meist sind es Männer, Experten schätzen den Anteil der weiblichen Chatter auf dreißig Prozent, Tendenz steigend. Auch bei den Chattern der Generation 55+ sind stetig wachsende Zuwachsraten zu verzeichnen.

Der Psychologe Ralf Ott von der Universität Bonn betont die Vorteile: *»Beim Chatten* *kann eine Unterhaltung wesentlich intensiver ablaufen. Vertrautheit entsteht schneller.«* Auch deswegen, weil man durch eine geschützte Anonymität Vorkommnisse seines Lebens berichtet, die man in einem Gespräch nicht unbedingt thematisieren würde: *»Bei Ihnen, lieber Leo«*, schreibt die E-Mail-Romanfigur Emmi Rothner, *»scheue ich mich nicht, so spontan zu sein, wie ich im Innersten bin. Ich überlege nicht, was ich Ihnen zumuten kann und was nicht. Ich schreibe einfach munter drauflos. Und das tut mir so wahnsinnig gut!!! – Und das ist Ihre Leistung, lieber Leo, deshalb sind Sie für mich so unverzichtbar geworden: Sie nehmen mich so, wie ich bin. Manchmal bremsen Sie mich, gewisse Dinge ignorieren Sie, manches kommt Ihnen in die falsche Kehle. Aber Ihre Ausdauer, an mir dranzubleiben, zeigt mir, dass ich so sein darf, wie ich bin.«*

JOHANN WOLFGANG VON GOETHE

Gefesselt

Ja! Die Augen waren's, ja! der Mund,
Die mir blickten, die mich küssten.
Hüfte schmal der Leib so rund
Wie zu Paradieses Lüsten.
War sie da? Wo ist sie hin?
Ja! sie war's, sie hat's gegeben,
Hat gegeben sich im Fliehn
Und gefesselt all mein Leben.

SÖREN SIEG

Fragen Sie niemals ein Pärchen: Wo habt ihr euch denn kennengelernt?

Kneipe. Olaf und Nadine, ein frischverliebtes Pärchen, Hand in Hand. Ralf gesellt sich dazu, ein Bekannter des frischverliebten Mannes.

RALF: Hey Olaf, das wusste ich ja gar nicht, dass du 'ne neue Freundin hast!

OLAF: Ja. Das ist Nadine.

Sie reicht ihm die Hand.

RALF: Wahnsinn! Wie lange seid ihr denn schon zusammen?

NADINE: Ungefähr zwei Monate.

RALF: Wow. Und wo habt ihr euch kennengelernt?

NADINE: Also, äh ... *(blickt zu ihrem Freund rüber)*

OLAF *(lächelt)*: Ja, also, das, äh, war so ... *(räuspert sich)*

NADINE: Also es war …

OLAF: Im Internet. Wir haben uns im Internet kennengelernt.

RALF *(lacht)*: Aber das ist doch nicht schlimm! Das gibt's doch inzwischen total oft. Ich meine, das ist ja 'n totales Vorurteil, dass da nur Ladenhüter sind und Leute, die es nicht schaffen, auf normalem Wege … also ich meine, ohne … wo … auf welchem Portal denn? Parship? Friendscout24?

OLAF: Also, das wär, äh … das war … was war es noch mal …

NADINE: Also, ich hatte ihn auf seitensprung.de schon mal gesehen, sein Foto, aber das hatte mich nicht so angesprochen.

OLAF: Was? Das wusste ich ja gar nicht!

NADINE: Doch, hab ich dir doch schon hundert Mal erzählt.

Aber dann gab's da so'n reines Sexportal, joyofsex.org, da hatte ich nach 'nem MMF Ausschau gehalten …

RALF: MM was?

NADINE: MMF. Mann Mann Frau. Also 'n Dreier mit zwei Männern. Und da hatte sich

Olaf gemeldet. Aber zu dem Date ist der andere Typ nicht gekommen. Sondern nur Olaf.
OLAF: Hab ich echt Glück gehabt. Weil ich glaub, Nadine hatte nur wegen dem anderen zugesagt …
RALF *(lächelt etwas befangen)*: So'n Muskelprotz oder wie?
NADINE: Nee, der hatte einfach schon Erfahrungen mit ausgefalleneren Sachen, NS, KV, FS …
OLAF *(lächelt gequält)*: Ist ja auch egal …
RALF *(interessiert)*: Nee, sag mal, das kenn ich ja alles gar nicht … was ist denn NS? Zieht man sich da Naziklamotten beim Sex an?
NADINE: Nee, NS heißt …
OLAF *(hustet sehr laut und nachhaltig)*: Also, die Luft ist ja wirklich schlecht hier drinnen … Nadine, können wir kurz mal rausgehen?

80 Millionen Profile gibt es in Online-Singlebörsen in Deutschland. Fast so viele wie Einwohner. Viele Übereifrige haben natürlich gleich in sechs, sieben Portalen parallel

Profile hochgeladen. Viele haben auch mal Profile angelegt und nach ein paar Monaten oder Jahren entnervt aufgegeben, ohne das Profil zu löschen. Aus irgendeinem Grund glauben nämlich insbesondere Männer, denen es im wirklichen Leben niemals gelingt, sich mit einer hübschen Frau zu verabreden, dass ihnen auf partner.de die Model-Schönheiten zwischen 18 und 24 den Postkasten regelrecht zuspammen werden. Deswegen sind sie auch davon überzeugt, dass sie gar kein Foto hochladen müssen oder dass es ausreicht, sich in Joggingklamotten mit dem Handy im Badezimmerspiegel zu fotografieren. Jedenfalls geht die Branche davon aus, dass sieben Millionen Menschen gerade aktiv im Internet nach der großen Liebe suchen. Nirgendwo in Europa finden sich so viele Paare im Internet wie in Deutschland. Jede dritte neue Beziehung verdanken wir dieser amerikanischen Erfindung.

Das hat sich aber anscheinend noch nicht herumgesprochen. Nach wie vor gilt es vielen als Makel, zu erzählen, dass sie sich nicht auf der Geburtstagsparty ihres Dresdner Schwagers oder auf einem Weihnachtsfeierbesäufnis oder in einer kilometerlangen McDonalds-Schlange kennengelernt haben. All das scheint dem Ideal des schicksalhaften Zusammentreffens jedenfalls mehr zu entsprechen als das gezielte Flirten im Netz. Irgendwie verträgt sich aktives Suchen, Vergleichen und Ausprobieren nicht mit unserer Vorstellung davon, dass man sich am besten mit drei im Sandkasten begegnet ist und sich seitdem treu geblieben ist. Sich im Internet gegen 39.999.999 Konkurrenten durchzusetzen, ist logisch betrachtet eine deutlich größere Leistung und könnte beide dazu ermutigen, so richtig, richtig stolz auf sich zu sein.

Aber das Gegenteil ist der Fall. Das kulturelle Unisono lautet: Nur Loser, Mauerblümchen und unverkäufliche Ladenhüter bieten sich dort an. Was sie zusammenführt, ist der Mut der Verzweiflung. Kapitalistisches Katalogdenken hat wahre Gefühle ersetzt. Und wo bleiben überhaupt die inneren Werte? Die ja früher in der Disco an absolut erster Stelle standen. Weit vor den tanzfreundlichen High Heels, dem trägerlosen Neon-Top, den zehn Zentimeter langen, hellrosa lackierten Fingernägeln, den katzenbergerblond gefärbten Haaren und den ultrakurzen Hot Pants.

Aber mit Logik kommt man da nicht weiter, und deshalb ist die eigentlich schöne Frage nach dem romantischen Ursprung einer neuen Liebe leider verbrannt. So die Diagnose Ihres persönlichen Fettnäpfchenberaters. Irgendeinem ist es meistens peinlich. Und die Versuche, die Situation zu retten – »Ist doch nicht so schlimm!«, »Hauptsache, ihr habt überhaupt jemand gefunden!«, »Ich finde, da kann man ganz offen drüber reden!« – machen es auch nicht besser.

Machen Sie es umgekehrt. Verkünden Sie ganz offensiv, dass Sie diese absolute Traumfrau neben sich im Netz kennengelernt haben, bevor Ihr verdutztes Gegenüber auch nur nachfragen kann. Erzählen Sie von Ihrem lustigen Nickname (*James-Blond*), den durchgechatteten Nächten und dem aufregenden ersten Treffen, bis das Gegenüber ganz neidisch wird und am Ende fragt: *Und wie hieß dieses Portal noch?* Und dann sagen Sie ungerührt: *restpostenbilligabzugeben.de.*

TANIA KONNERTH

Verwirrung

Was für ein köstliches Durcheinander.
Plötzlich ist nichts mehr so, wie es war.
Alles ist anders.
Weil es nun dich in meinem Leben gibt.
Mein Sein wird auf den Kopf gestellt
und alles bisher so Wohlgeordnete
muss sich nun einen neuen Platz suchen.
Alles gerät aus den Fugen –
und ich genieße es in vollen Zügen.

Danke für das Chaos,
das du in mir anrichtest.

2. Kapitel

Von der Liebe selbst

JOHANN WOLFGANG VON GOETHE

Unglückselge Sterne

Euch bedaur ich, unglückselge Sterne,
Die ihr schön seid und so herrlich scheinet,
Dem bedrängten Schiffer gerne leuchtet,
Unbelohnt von Göttern und von Menschen,
Denn ihr liebt nicht, kanntet nie die Liebe.
Unaufhaltsam führen ewge Stunden
Eure Reihen durch den weiten Himmel;
Welche Reise habt ihr schon vollendet,
Seit ich, bleibend in dem Arm der Liebsten,
Eurer und der Mitternacht vergessen!

ANDREAS HAIN

Verliebtheit macht uns zum Idioten

Wer verliebt ist, macht ungewöhnliche Dinge: ständig SMS tippen, alles mit rosaroter Brille sehen, Gedichte schreiben oder je nach Talent auch Lieder. Warum spielen wir verrückt, wenn wir frisch verliebt sind?

Universität in Pisa, 1999

Forscher wollen herausfinden, wo genau die Macke sitzt, die Verliebte haben. Sie bilden drei Gruppen von Versuchspersonen. In der ersten Gruppe: frisch Verliebte, die noch nie Sex hatten.

»Wir sind ganz dolle verliebt!«

In der zweiten Gruppe: Menschen, die wissen, dass sie unter bestimmten Zwangshandlungen leiden.

»Ich fasse keine Türklinken an!«

»Ich muss immer alle Gullydeckel zählen und mir ständig die Hände waschen.«

Und in der dritten Gruppe: Normalos, gesund, fit, entspannt und nicht frisch verliebt.

Der erstaunliche Test

Alle Versuchspersonen machen einen Test, der Zwanghaftigkeit ans Licht bringt und darüber hinaus noch zeigt, ob jemand außergewöhnlich wach und genügsam ist. Verdächtig viele Punkte haben die frisch Verliebten: Sie gelten als einigermaßen zwanghaft und außerdem genügsam. Das alles schlägt sich nieder in wahnsinnigem Briefeschreiben, Telefonieren, SMS-Tippen, CDs mit Lieblingsliedern zusammenstellen. Und die Welt wird oft durch die rosarote Brille betrachtet.

Das passiert im Gehirn

Auf den Nervenbahnen befinden sich unzählige Botenstoffe – sogenannte Neurotransmitter, die Informationen von einer Nervenzelle zur anderen weitergeben. Einer davon Serotonin. Die wichtigste Aufgabe dieses

Botenstoffes im Gehirn ist es, die Empfindungen zu steuern von Schlaf, Temperatur, Appetit, Sexualverhalten oder Schmerz. Die Blutproben der frisch Verliebten haben gezeigt: Sie haben besonders wenig Serotonin, sind also besonders verhaltensauffällig – um nicht zu sagen irre vor Liebe.

TANIA KONNERTH

Rezept

Man nehme:

Viel Interesse und Aufmerksamkeit.
Ausreichend Vertrauen und Achtsamkeit.
Eine gute Portion Intimität und Innigkeit.
Einige gemeinsame Ziele
und auch etwas Eigenes.
Das Ganze dann
mit einer kräftigen Prise Erotik würzen.

Gut ziehen lassen und – genießen.

STEPHANIE KATERLE

Was ist Liebe?

Lerne Liebe lebenslang …

Liebe in Westeuropa erscheint heute bereits früh auf der Bühne des Lebens. Jeder Teenie glaubt zu wissen, wie sich die Liebe anfühlt, wie groß der Schmerz bei ihrem Verlust sein kann, und sucht doch keine zwei Wochen später wieder aufs Neue nach ihr. Schon Kindergartenkinder spielen »Liebe«, laufen sich hinterher, um sich zu küssen oder küssen zu lassen und dabei zu verkünden, man habe ihn oder sie zum Heiraten gefunden.

Wer wen heiratet oder großartig findet, war durch die Jahrhunderte nicht immer interessant. Und die Choreografie, die bei der sogenannten großen Liebe abzulaufen hat, hat sich erst im vorletzten Jahrhundert entwickelt, als es nicht mehr nur den Reichen und Adeligen vorbehalten war, sich romantisch für einen anderen Menschen zu begeistern. Verlieben ist mit der Industrialisierung in Europa eine Kulturtechnik geworden, die man lernen kann wie Dressurreiten, Lesen oder Blockflöte spielen.

Kulturtechniken ziehen allerdings immer Konsum nach sich. Wer lesen kann, braucht Bücher, wer reiten will, braucht ein Pferd und einen Lehrer, liebt vielleicht Bibi und Tina und die olympischen Spiele. Die meisten Menschen aber haben deutlich größeres Interesse am Verlieben als zum Beispiel am Blockflötenspiel, sodass Millionen Mal mehr Umsatz mit der Partnersuche als mit Flötenkonzerten oder Steigbügeln gemacht werden kann. Verlieben als Kulturtechnik ist also zumindest teilweise erworben und erlernbar. Und sie ist enorm lukrativ. Dabei unterliegt die Partnersuche auch immer einer gewissen Machbarkeits- und Perfektionierungsidee.

Wer Fahrradfahren lernen kann, lernt auch früher oder später die Gesetze des Verliebens. Und er vergisst sie niemals mehr. »The pursuit of happiness«, das Streben nach Glück, ist bei vielen ebenso wie das Streben nach der großen Liebe zum Lebensmotto geworden. »Seines Glückes Schmied« ist man auch im deutschen Sprichwort. Man hat also gefälligst dafür zu sorgen, dass es klappt mit dem (Liebes-) Glück. Schmieden soll man, bearbeiten, verfeinern, polieren und schließlich präsentieren und zum Verkauf stellen. Und genau damit lässt sich noch viel, viel mehr Geld verdienen. Ratgeberautoren und Diätclubs, Designer, Sportvereine und Parfumhersteller wollen (fast) alle nur eines: verkaufen, nämlich die Illusion vom perfekten Glück. Sie alle singen in Endlosschleife ein Lied vom vollkommenen Liebestaumel, dem wir kaum etwas entgegenzuhalten haben.

... und zahle!

Zu unserer Kultur gehören auch Bilder und Töne, die dieses Gefühl illustrieren und begleiten. Von der Plakatwand mit den H&M-Models, die sich frenetisch küssen, über alle Liebeslieder dieser Welt bis hin zu Büchern, Filmen und Werbespots werden wir von früh bis spät mit frisch verliebten Paaren bombardiert. Ein total verliebter Partner ist das »Must-have« jeder Saison. Die Verliebtheitsphase ist für unsere Kultur extrem interessant. Wer sie im Augenblick nicht genießen darf, will sie haben. Dafür sind alle bereit, das Portemonnaie zu öffnen. Ziel ist der Moment des Bewusstseins: »Ja, der/die ist *es*.« Dann geht das Spiel von vorne los, denn dauerhafte Partnerschaften sind weniger lukrativ.

Das glauben Sie nicht? Sehen Sie sich einmal eine Folge der beliebten »Bachelor«-Show an. Wochenlang sucht sich ein dümmlich grinsender Millionär aus einer Reihe von Frauen ohne Rückgrat diejenige aus, die der Programmdirektor bereits am Anfang der Show als Siegerin vorgesehen hat. Millionen Zuschauer fiebern mit. In dem Moment, in dem die »Beziehung« beginnt, ist die Show zu Ende. Und so sicher wie die nächste Staffel ist die Gewissheit, dass spätestens nach vier Wochen irgendein Online-Nachrichtenkanal das tragische »Liebes-Aus« der beiden ausweiden wird.

Bestehende Paare interessieren den Markt erst bei der Hochzeit kurzfristig wieder (Konjunktur für Brautmoden, Pferdekutschen, Gastronomie und Tourismus) und schließlich aufs Neue, wenn die Kinder auf die Welt kommen (Autos, Kindersitze, Babynahrung). Dann schaben die Banken noch ein bisschen mit Werbespots von fröhlichen Eltern im eigenen Garten am Einkommen der jungen Familien. Denn die brauchen zu ihrem Glück nichts mehr als ein schmuckes Eigenheim – und der Rest ist Schweigen.

»Boy meets girl« soll möglichst in den werbefreundlichen Zeitkorridoren stattfinden. Wer bis 35 noch unversorgt ist, hat sich wohl zu sehr um die Karriere gekümmert oder ist offenbar von der Natur benachteiligt. Er oder sie wird, abgesehen davon, dass man freundlicherweise täglich auf ihre oder seine Makel hinweist und teure Abhilfe verspricht, nicht weiter beachtet. Bis, ja, bis die große Scheidungswelle anrollt. Wenn die Kinder aus dem Haus sind, wird eine riesengroße Konsumentenschicht endlich wieder frei: die späten Singles ab 40, die oftmals bereit sind, ein Vermögen für das Tuning ihres Körpers auszugeben, Datingbörsen zu frequentieren und noch einmal neu auf die Suche nach der großen Liebe zu gehen. In den Gazetten überwiegen Stars und Sternchen dieser Altersklasse, die sich wie die Teenies verlieben, wieder trennen, wieder neu die große Liebe verkünden, um sich kurz darauf wieder zu trennen.

Damit die Singles jenseits der 40 auch brav konsumieren, wird nonstop mit jung gebliebenen Vorbildern wie Halle Berry oder Brad Pitt vor ihrer Nase herumgewedelt, damit auch niemand auf die Idee käme, sich etwa gut genug zu fühlen. Zufriedenheit ist der Feind des Konsums. »A bisserl was geht immer«, scheint das Motto auf der Suche nach größtmöglicher Perfektion zu sein.

Miesmach-Millionen

Den Mangel zu betonen, Handlungsbedarf zu erzeugen, die Leute um Himmels willen niemals so zu lassen, wie sie nun einmal sind, verspricht größten Profit. Das Versprechen, »den perfekten Partner« zu finden, scheint unwiderstehlich. So haben Partnerbörsen unerhörten Zulauf. Da gibt es Unternehmen, bei denen man sich topgestylt und makellos fast anonym präsentieren und gleichzeitig aus einem menschlichen Warenkorb den idealen Partner aussuchen kann. Einfach Körpergröße und Wohnort (und Lieblingsfarbe, Fremdsprachenkenntnisse, Musikgeschmack und Schulbildung sowie weitere 76 Parameter) eingeben und los geht's.

Und wir? Wir gehen mit. So sehr haben wir diese Werte von Optimierung und Perfektion in uns aufgesogen, dass wir keine Skrupel haben, einen ellenlangen Wunschzettel an unsere Tür zu hängen. Nur wer diese Vorgaben erfüllt, darf überhaupt daran denken, anzuklopfen. Wer in einer Winzigkeit nicht passt, wird oftmals gnadenlos weggeschickt. (»Igitt, du trägst ja karierte Hemden, das stand doch auf meiner schwarzen Liste!«, aber auch: »Oh, für dich bin ich aber gewiss nicht schön genug!«) So sind wir zu jeder Tages- und Nachtzeit bereit, auf Fehlersuche zu gehen, bei uns und bei anderen. Der Fokus bleibt auf dem Mangel. Das liebenswert Unperfekte, das uns zu den wunderbaren Menschen macht, die wir sind, wird zum Makel, der mit allen Mitteln beseitigt gehört.

KLABUND

Liebeslied

Dein Mund, der schön geschweifte,
Dein Lächeln, das mich streifte,
Dein Blick, der mich umarmte,
Dein Schoß, der mich erwarmte,
Dein Arm, der mich umschlungen,
Dein Wort, das mich umsungen,
Dein Haar, darein ich tauchte,
Dein Atem, der mich hauchte,
Dein Herz, das wilde Fohlen,
Die Seele unverhohlen,
Die Füße, welche liefen,
Als meine Lippen riefen –:
Gehört wohl mir, ist alles meins,
Wüsst nicht, was mir das Liebste wär,
Und gab nicht Höll noch Himmel her:
Eines und alles, all und eins.

GEORG CHRISTOPH LICHTENBERG

Über die Macht der Liebe

Ich habe sehr hohe Begriffe von der Größe und Würde des Menschen. Einem Triebe folgen, ohne den die Welt nicht bestehen könnte, die Person lieben, die mich zum einzigen Gesellschafter ausersehen hat, zumal da nach *unseren* Sitten diese Person sich durch tausend andere Dinge an unser Herz fest hängt, und unter den mannichfaltigen Relationen, von Ratgeber Freund, Handlungskompagnon, Bettkamerade, Spielsache, lustiger Bruder, (Schwester klingt nicht) auf uns wirkt, das halte ich sicherlich für keine Schwachheit, sondern für klare, reine Schuldigkeit, und ich glaube auch, es steht nicht bei uns, ein solches Geschöpf nicht zu lieben. Beklagen wir ja den Tod eines Haushundes. Allein ein Mädchen sollte im Stande sein, mit ihren Reizen einem Manne seine Ruhe zu rauben, dass kein anderes Vergnügen mehr Geschmack für ihn hätte, und es stehe nicht in seiner Gewalt, sich diesem Zug zu widersetzen, dem Manne, der Armut, Hunger, Verachtung seines Verdienstes ertragen, ja seiner Ehre wegen in den Tod gehen kann? Das glaube ich ewig nicht. Dem Gecken wohl, dem weichlichen Schwachen, der nie in irgendetwas Widerstand versucht hat, oder dem Wollüstling, der höhere Vergnügen des Geistes nicht kennt, als das Bewusstsein, dass ihn ein hübsches *Mädchen* liebt (denn vom Genuss abstrahiere ich, um dem Werther allen möglichen Vorteil zu geben), aber gewiss keiner *eigentlichen Seele;* wenn eine solche je so was gesagt hat, so war es ein Kompliment gegen die Damen, und zwar ein sehr unartiges, weil es ein Pasquill auf alle vernünftigen Männer ist; und doch ist es eine Frage, ob es ein Kompliment für die Damen ist. Viele Männer halten das weibliche Geschlecht für so schwach, eitel, leichtgläubig und eingebildet, dass sie alles glauben, was man ihnen sagt, sobald es die Macht ihrer Reize angeht.

ARTHUR SCHOPENHAUER

Über die Liebe

Die Dichter ist man gewohnt hauptsächlich mit der Schilderung der Geschlechtsliebe beschäftigt zu sehn. Diese ist in der Regel das Hauptthema aller dramatischen Werke, der tragischen, wie der komischen, der romantischen, wie der klassischen, der Indischen, wie der Europäischen: nicht weniger ist sie der Stoff des bei Weitem größten Teils der lyrischen Poesie, und ebenfalls der epischen; zumal wenn wir dieser die hohen Stöße von Romanen beizählen wollen, welche, in allen zivilisierten Ländern Europas, jedes Jahr so regelmäßig wie die Früchte des Bodens erzeugt, schon seit Jahrhunderten. Alle diese Werke sind, ihrem Hauptinhalte nach, nichts Anderes, als vielseitige, kurze oder ausführliche Beschreibungen der in Rede stehenden Leidenschaft. Auch haben die gelungensten Schilderungen derselben, wie z.B. Romeo und Julie, die neue Heloise, der Werther, unsterblichen Ruhm erlangt. Wenn dennoch *Rochefoucauld* meint, es sei mit der leidenschaftlichen Liebe wie mit den Gespenstern, Alle redeten davon, aber Keiner hätte sie gesehn; und ebenfalls *Lichtenberg* in seinem Aufsatze »Über die Macht der Liebe« die Wirklichkeit und Naturgemäßheit jener Leidenschaft bestreitet und ableugnet; so ist dies ein großer Irrtum. Denn es ist unmöglich, dass ein der menschlichen Natur Fremdes und ihr Widersprechendes, also eine bloß aus der Luft gegriffene Fratze, zu allen Zeiten vom Dichtergenie unermüdlich dargestellt und von der Menschheit mit unveränderter Teilnahme aufgenommen werden könne; da ohne Wahrheit kein Kunstschönes sein kann:

Rien n'est beau que le vrai; le vrai seul est aimable.

Allerdings aber bestätigt es auch die Erfahrung, wenn gleich nicht die alltägliche, dass das, was in der Regel nur als eine lebhafte, jedoch noch bezwingbare Neigung vorkommt, unter gewissen Umständen anwachsen kann zu einer Leidenschaft, die an Heftigkeit jede andere übertrifft, und dann alle Rücksichten beseitigt, alle Hindernisse mit unglaublicher Kraft und Ausdauer überwindet, sodass für ihre Befriedigung unbedenklich das Leben gewagt, ja, wenn solche schlechterdings versagt bleibt, in den Kauf gegeben wird. Die Werther und Jacopo Ortis existieren nicht bloß im Romane; sondern jedes Jahr hat deren in Europa wenigstens ein halbes Dutzend aufzuweisen: *sed ignotis perierunt mortibus illi:* denn ihre Leiden finden keinen andern Chronisten, als den Schreiber amtlicher Protokolle, oder den Berichterstatter der Zeitungen. Doch werden die Leser der polizeigerichtlichen Aufnahmen in Englischen und Französischen Tagesblättern die Richtigkeit meiner Angabe bezeugen. Noch größer aber ist die Zahl derer, welche dieselbe Leidenschaft ins Irrenhaus bringt. Endlich hat jedes Jahr auch einen und den andern Fall von gemeinschaftlichem Selbstmord eines liebenden, aber durch äußere Umstände verhinderten Paares aufzuweisen; wobei mir inzwischen unerklärlich bleibt, wie die, welche, gegenseitiger Liebe gewiss, im Genüsse dieser die höchste Seligkeit zu finden erwarten, nicht lieber durch die äußersten Schritte sich allen Verhältnissen entziehn und jedes Ungemach erdulden, als dass sie mit dem Leben ein Glück aufgeben, über welches hinaus ihnen kein größeres denkbar ist. – Was aber die niedern Grade und die bloßen Anflüge jener Leidenschaft anlangt, so hat Jeder sie täglich vor Augen und, solange er nicht alt ist, meistens auch im Herzen.

3. Kapitel

Von Lockungen und Verhängnissen

TANIA KONNERTH

Abenteuer

Abenteurer in Sachen Liebe sein:
einander immer wieder neu entdecken.
Uns vom vertrauten Terrain auf unerforschtes Gebiet begeben und immer wieder
Neues mit- und übereinander erfahren.
So wird das Land unserer Liebe stetig größer.
Aus weißen Flecken auf der persönlichen Landkarte werden viele bunte Punkte, die sich zusammenfügen zu einem lebendigen, immer im Fluss begriffenen Bild: zu einem Mosaik des Wir.

DAS HOHELIED

Liebe, Tochter aller Wonnen

Ich schlafe, doch mein Herz ist wach. Horch, mein Geliebter pocht: Mach auf, meine Schwester, meine Freundin, meine Taube, meine Makellose! Denn voll von Tau ist mein Kopf, von Tropfen der Nacht meine Locken.

Ich habe mein Kleid schon abgelegt, wie soll ich es wieder anziehen? Ich habe meine Füße gewaschen, wie soll ich sie schmutzig machen?

Mein Geliebter streckte die Hand durch die Luke; da bebte mir seinetwegen das Innerste. Ich erhob mich, meinem Geliebten zu öffnen; meine Hände tropften von Myrrhe, meine Finger von Myrrhe, am Griff des Riegels.

Ich öffnete meinem Geliebten: Doch mein Geliebter war weg, verschwunden. Ich geriet außer mir wegen seines Rückzugs. Ich suchte ihn, doch ich fand ihn nicht; ich rief nach ihm, doch er gab mir keine Antwort. Da fanden mich die Wächter auf ihrer Runde durch die Stadt; sie schlugen mich, verwundeten mich. Sie rissen den Überwurf mir weg die Wächter der Mauern.

Ich beschwöre euch, Jerusalems Töchter: Wenn ihr meinen Geliebten trefft, was sollt ihr ihm melden? Dass ich krank bin vor Liebe!

Was hat dein Geliebter den anderen voraus, du Schönste der Frauen? Was hat dein Geliebter den andern voraus, dass du so uns beschwörst?

Mein Geliebter ist weiß und rot, er sticht aus Zehntausenden hervor. Sein Haupt ist reines Gold; wie Dattelrispen sind seine Locken, schwarz wie ein Rabe. Seine Augen sind wie Tauben an Bächen voll Wasser, gebadet in Milch, fest in der Fassung. Seine Wangen sind wie Balsambeete, wie Türme von Salben. Seine Lippen sind Lotusblumen, die von flüssiger Myrrhe triefen. Seine Finger sind Stäbe aus Gold, mit Tarschisch-Steinen besetzt. Sein Leib ist eine Elfenbeinplatte, bedeckt mit Saphiren. Seine Schenkel sind Marmorsäulen, gegründet auf Sockel von Feingold. Wie der Libanon ist seine Gestalt, ohnegleichen wie Zedern. Sein Gaumen ist voll Süße; und alles an ihm ist begehrenswert. Das ist mein Geliebter, ja das ist mein Freund, ihr Töchter Jerusalems!

Wohin ist dein Geliebter gegangen, du Schönste der Frauen? Wohin hat sich dein Geliebter gewandt, dass wir mit dir ihn suchen?

Mein Geliebter ging in seinen Garten hinunter, zu den Beeten mit Balsam, um in den Gärten zu weiden und Lotusblumen zu sammeln.

Ich gehöre meinem Geliebten, und mein Geliebter gehört mir, der unter den Lotusblumen weidet.

Wer ist, die da niederschaut wie die Morgenröte, schön wie der Vollmond, klar wie die Sonne, furchterregend wie das geordnete Heer?

Du, meine Freundin, bist schön wie Tirza, lieblich wie Jerusalem, furchterregend wie das geordnete Heer.

Wende ab von mir deine Augen, denn sie verwirren mich.

Dein Haar gleicht einer Herde von Ziegen, die vom Gileadgebirge herabkommt, deine Zähne einer Herde von Mutterschafen, die der Schwemme entsteigen, die allesamt Zwillinge haben, und keines hat ein Junges verloren. Dem Riss eines Granatapfels gleicht deine Wange hinter deinem Schleier. Königinnen sind es sechzig, und Nebenfrauen achtzig, und Mädchen ohne Zahl. Doch einzig ist meine Taube, meine Makellose, die Einzige ihrer Mutter, untadelig ihrer Gebärerin. Die Töchter sehen sie und preisen sie, die Königinnen und Nebenfrauen rühmen sie.

In den Nussgarten ging ich hinunter, um zu sehen, wie es ausschlägt im Talgrund, um zu sehen, ob die Reben treiben, die Granatapfelbäume blühen. Da – ich weiß nicht, wie – versetzte mich meine Seele zu den Wagen Amminadibs.

Kehr um, kehr um, Schulammit! kehr um, kehr um, dass wir dich anschauen!

Was wollt ihr an Schulammit sehen beim Reigentanz im Lager?

Wie schön sind deine Füße in den Sandalen, du Fürstentochter! Deiner Hüften Rundungen sind wie Geschmeide, gefertigt von Künstlerhand. Dein Nabel ist eine runde Schale; nicht mangle der Würzwein. Dein Leib gleicht einem Weizenhügel, umsäumt von Lotusblumen. Deine beiden Brüste sind wie zwei Kitzen, wie Zwillinge einer Gazelle. Dein Hals ist wie der Elfenbeinturm. Deine Augen gleichen den Teichen von Heschbon am Tor von Bat-Rabbim. Deine Nase ist wie der Libanonturm, der gegen Damaskus Ausschau hält. Dein Haupt erhebt sich auf dir wie der Karmel, und das fallende Haar deines Hauptes ist wie Purpur – ein König liegt in den Flechten gefangen. Wie schön bist du und wie reizvoll, Liebe, Tochter aller Wonnen!

ANDREAS HAIN

Ein Wort zum Lippenstift

Hiermit werden in Sekundenschnelle aus Mauerblümchen verführerische Vamps. Das Geheimnis des Lippenstifts.

13. Jahrhundert vor Christus, im alten Ägypten

Die schöne Pharaonin Nofretete ist von Natur aus so unglaublich schön, dass es die Menschen im alten Ägypten umhaut. Einen Großteil ihres Tages verbringt sie mit Baden und Salben, und ihre dreißig Zofen und hundert Dienerinnen helfen ihr dabei:

»Nofretete, wenn Sie das hier mal ausprobieren wollen. Einfach auf die Lippen damit …«

Farbiges Puder und Salbe. Rote Lippen. Das Gesicht der Nofretete ist dank einer immer noch gut erhaltenen Büste weltberühmt!

1883, Weltausstellung in Paris
Schon seit dem Barock sind blasser Teint und rote Lippen schick. Jetzt wittern Pariser Parfumeure ihre Chance – sie haben Hirschtalg und Bienenwachs mit den Farbstoffen gemischt – und präsentieren kleine knallrote Röllchen.

»Meine Damen und Herren! Formidable! Das ist eine Sensation, schauen Sie selbst …«

Die Menschen sind begeistert – aber auch entsetzt. Denn knallrot und dann noch diese Phallusform, das hat immer etwas Obszönes! Außerdem werden diese Lippenröllchen, in Seidenpapier gewickelt, oft klebrig und matschig.

Aber nach und nach setzt sich der Lippenstift durch, vor allem nachdem die Amerikaner das Röllchen kurz nach dem Zweiten Weltkrieg mit einem Drehmechanismus ausgestattet haben.

Heute
Bienenwachs oder aus Erdöl gewonnenes Paraffin geben die Form und die Konsistenz

heutiger Lippenstifte. Aber auch Geruch, Geschmack und möglichst Hautfreundlichkeit spielen eine Rolle. Das Wichtigste bleibt die Farbe, und die wird manchmal noch aus Läusen erzeugt, die auf Kakteen krabbeln.

Innerhalb von vier Sekunden werden auf der ganzen Welt 100 Lippenstifte verkauft. 35 Millionen Lippenstifte jedes Jahr allein in Deutschland.

JOSEPH M. MARSHALL

Die Geschichte vom Flötenbauer

Er erwachte unter den tiefen Ästen einer alten Zeder durch einen kalten Windhauch, der sein Gesicht umhüllte. Einen Augenblick lang wusste Cloud nicht, wo und warum er hier war. Dann erinnerte er sich, was ihn zu diesem Grasbett unter der Zeder geführt hatte, und der Schmerz der Erinnerung raubte ihm den Atem.

»Mein Vater hat die von Hollow Horn überbrachten Geschenke angenommen«, hatte Dawn Woman zu Cloud gesagt, nachdem er den ganzen Abend am Weg, der zum Fluss führt, auf sie gewartet hatte. »Hollow Horn ist ein anständiger Mann und ein guter Ernährer. Er wird sich gut um mich kümmern.«

»Aber du bist immer in meinen Gedanken! Du bist in meinem Herzen, seit wir kleine Kinder waren. Hast du die Versprechen vergessen, die wir uns gegeben haben?«, flehte er.

»Wir waren nur Kinder«, hatte sie geantwortet. »Und was ist das Versprechen eines Jungen gegen die Härte des Lebens?«

»Mein Versprechen ist alles, was ich habe«, hatte er gesagt. »Es gab eine Zeit, da ließ das dein Herz höher schlagen. Und du kannst mir nicht erzählen, dass es dir beim Gedanken an mich nicht immer und immer wieder so ergeht.« Cloud musste zusehen, wie Dawn Woman in der Dämmerung verschwand, um bald darauf Hollow Horns Frau zu werden. Angetrieben von einem grauenvollen kalten Schmerz, der sein ganzes Dasein erschütterte, hatte er den Fluss überquert und war durch die Prärie gelaufen. Er versuchte, gegen den Schmerz in seinem Herzen anzulaufen, er rannte, bis alle Kraft aus seinen Beinen wich und er sich nur noch unter einen Baum fallen lassen konnte. Nur im Schlaf ließ der Schmerz nach. Doch jetzt war er wie eine wilde Flut zurückgekehrt.

Er konnte nichts anderes tun, als sich zusammenzukauern. Als der nächste Morgen anbrach, lag er da wie ein Stein. Eine Amsel ließ sich auf den Zweigen über ihm nieder. Ameisen krabbelten auf ihm, doch er beachtete sie nicht, und obwohl seine Augen geöffnet waren, nahm er nichts wahr. Als die Sonne fast im Zenit stand, kam Wind auf. Erst als er einen schwachen, traurigen Laut vernahm, begann er sich zu bewegen, und auch nur, weil diese Stimme ein Echo seines gebrochenen Herzens war.

Die Stimme wurde mit zunehmendem Wind lauter und sie verblasste, wenn der Wind abflaute. Cloud dachte, dass es seine eigene Stimme sei, die den Schmerz in seinem Herzen hinausschrie, da dieser Ton so leer, gequält und ziellos klang.

Er wusste zwar nicht warum, aber er beschloss, die Quelle der Stimme zu suchen. Er kroch unter dem Zedernast hervor und stolperte durch ein Wäldchen am Ufer eines Baches. Je klagender die Stimme wurde, desto mehr zog es ihn zu einer besonders alten, windgepeitschten Zeder. Dort, in der Mitte der Baumkrone, befand sich ein toter Ast, der dünner als sein Handgelenk war. Ein hohler

Ast mit Löchern, die vielleicht Spechte hineingebohrt hatten. Und bei jedem Windstoß schien der Ast zu weinen. Cloud hatte die Stimme gefunden.

Er saß da und hörte zu, gefesselt von den traurigen Tönen, die von der Willkür des Windes erzeugt wurden. Bei Sonnenuntergang wurde der Wind schwächer und somit auch die Stimme. Cloud kletterte auf die alte Zeder und inspizierte den hohlen Ast. Er konnte sehen, dass er schon lange tot war. Er war durch die Würmer getötet worden, nach denen die Spechte gesucht und dabei die Löcher geschaffen hatten, durch die der Wind strömte und so die seltsam traurige Stimme erzeugte.

Cloud brach den Ast ab und kletterte nach unten. Er saß am Flussufer und blies durch die hohle Öffnung, doch die traurige Stimme erklang nicht. Er bemerkte, dass der Ast der Pfeife aus Adlerknochen glich, die ihm sein Vater geschenkt hatte, und nahm an, dass er ähnlich funktionieren würde. Nachdem er ein kleines Holzstück über dem obersten

Loch platziert hatte, war es ihm geglückt, dem hohlen Ast einen Ton zu entlocken. Zuerst war es nur ein einfaches Geräusch, doch schließlich gelang es ihm, den Ast zum Singen zu bringen, ähnlich wie es der Wind getan hatte.

Während die Sonne unterging, unterbrach Cloud seine Tätigkeit, um trockenes Holz zu sammeln und ein Feuer zu entfachen. Er hatte keine Lebensmittel, und sein einziger Schutz war das Steinmesser an seinem Gürtel. Doch das spielte keine Rolle, denn sein Herz war gebrochen. Selbst wenn ihn der große Grizzlybär in der Nacht heimsuchen würde oder sogar in diesem Moment ein Feind ihn belauerte, war er im Innern ohnehin schon gestorben. Dawn Woman sollte die Frau von Hollow Horn werden und seine Kinder gebären. Das Leben hatte keinen Sinn mehr.

Er hielt das Feuer bis weit in die Nacht in Gang und blies auf dem hohlen Ast. Er entdeckte, dass er die Tonhöhe verändern konnte, wenn er seine Fingerspitzen auf die fünf

Löcher legte. Außerdem linderte es seltsamerweise den Schmerz in seinem Herzen, wenn er dem Ast eine Stimme entlockte. Also brachte er den Ast zum Singen, bis er erneut vor Erschöpfung zusammenbrach. Am Morgen lag er zusammengekauert neben der erkalteten grauen Asche seiner Feuerstelle, seine Arme um den hohlen Zweig geschlungen. Er erwachte verwirrt, zerzaust, hungrig und mit einem noch immer gebrochenen Herzen. Dann stolperte er zum Fluss, wusch sein Gesicht, nahm einen großen Schluck und sah im Wasser einen einsamen jungen Mann.

Er verbrachte den ganzen Tag in dem Wäldchen und spielte auf dem hohlen Ast. Als die Sonne unterging, konnte er den Ast besser zum Singen bringen, als der Wind es gekonnt hatte. Durch den Zweig ertönte die Stimme seines schmerzerfüllten Herzens, mit hohen und tiefen, klagenden Tönen. Aus dem Ende des Astes schnitzte er mit seinem Messer einen Kranichkopf mit Schnabel. Wenn er den Ast zum Singen brachte, verstummten das Land und seine Bewohner, um der Stimme eines gebrochenen Herzens zu lauschen.

Eine weitere Nacht brach an, ein weiteres einsames Feuer brannte. Eine weitere Morgendämmerung fand ihn in seinem Schmerz neben der kalten Asche liegend vor. Den Hunger konnte er verdrängen, doch die einzige Medizin gegen seinen Schmerz war der singende hohle Ast. Da er und der Wind dem Ast eine Stimme entlockt hatten, beschloss er, den Ast *Hokagapi* zu nennen, was »Laute erzeugen« bedeutet. Es handelte sich natürlich um eine Flöte.

Ein weiterer Tag verstrich. Cloud konnte auf seiner Flöte spielen, er ließ sie für ihn weinen und verlieh seinem unendlichen Schmerz eine Stimme. Bisweilen legte er eine Pause ein, um an seiner Flöte zu arbeiten – er verzierte das Instrument und brachte alle Grifflöcher auf eine einheitliche Größe. Er hatte drei Tage lang nichts gegessen. Schwach und fantasierend glaubte er, Dawn Woman an seinem Feuer stehen zu sehen. Als er seine Hände nach ihr ausstreckte, schien sie vor ihm davonzulaufen. Deshalb folgte er ihr. Einige Zeit später irrte er ziellos durch die Prärie, spielte Flöte, und es war ihm egal, wohin er ging.

Als Cloud aus seinem fieberähnlichen Traum erwachte, fand er sich an einem Fluss wieder. Er wusch sein Gesicht, taumelte in den Schatten eines Baumes und begann, auf seiner Flöte zu spielen, um seinen Kummer zu vertreiben. Die Töne, die aus seiner Flöte kamen, stiegen, fielen, schluchzten und schrien den Schmerz aus seinem tiefsten Innern hinaus. Plötzlich vernahm Cloud Stimmen, und als er seine Augen öffnete, merkte er, dass er sich am Flussufer gegenüber seinem eigenen Dorf befand. In seinem Wahn hatte er den Weg nach Hause gefunden. Alle Frauen des Dorfes, alte und junge, standen am anderen Flussufer, starrten ihn an und hörten ihm zu, wie er auf seiner Flöte spielte. Unter ihnen war Dawn Woman.

Der Schmerz über ihren Verlust verschlang ihn wie eine Sturzflut. Ihm blieb nichts anderes übrig, als auf seiner Flöte zu spielen und sie seinen Schmerz hinausschreien zu lassen. Die trällernde Stimme seiner Flöte stieg und fiel, seufzte und schluchzte in sanften, herzerweichenden Tönen. Cloud bemerkte, dass die Frauen von der Stimme des hohlen Astes genauso angezogen waren, wie er es gewesen war, als er sie zum ersten Mal gehört hatte. Unter der Menschenmenge befanden sich keine Männer, nur Frauen: Alte Frauen, junge Frauen und Mädchen, sie alle waren von der weinenden Flöte verzaubert, darunter auch Dawn Woman.

Schon bald überquerte Dawn Woman den Fluss und stand mit gesenktem Blick vor ihm. Immer wieder warf sie ihm deutliche Blicke zu, wenn seine Flöte erklang.

»Es gab eine Zeit, in der ein junger Mann, den ich kannte, mein Herz zum Fliegen brachte«, sagte sie sanft. Cloud hörte auf zu spielen.

»Jetzt singt er ein seltsames Lied, das mein Herz traurig macht. Was tust du mir an?«

»Ich verleihe meinem Schmerz eine Stimme«, antwortete er, »da die junge Frau meines Herzens die Frau eines anderen geworden ist. Die Geister haben mir deshalb diese *Hokagapi* gegeben. Ich kann ihr Herz nicht mehr zum Fliegen bringen.«

»Kann deine *Hokagapi* auch freudig singen?«, fragte Dawn Woman.

»Ich kann keine Freude ausdrücken, weil ich keine empfinde, denn ich bin es, der diesem Instrument seine Stimme verleiht.«

»Aber ich empfinde Freude über deine Rückkehr«, sagte sie. »Nachdem du fortgegangen bist, wusste ich, dass das Leben ohne dich einsam sein würde. Denn du bist in meinem Herzen und wirst es immer sein. Ich würde niemanden außer dir zum Mann nehmen.«

Cloud traute seinen Ohren nicht, doch er sah die Wahrheit in Dawn Womans Augen. Sein Herz flog und er begann, auf seiner Flöte zu spielen. Dieses Mal kündete das Lied der Flöte von Zuversicht, Hoffnung und Freude, die Töne stiegen und fielen, wie der Wind, der über die Prärien tanzt. Es war das Lied des Lebens. Und wieder waren alle Frauen verzaubert und fühlten sich zur Stimme der Flöte hingezogen.

Die Jahre gingen ins Land, und der Verbindung von Cloud und Dawn Woman entsprangen zwei Söhne. Als sie heranwuchsen, lehrte Cloud, der weit und breit als der Flötenbauer bekannt war, sie Flöte zu spielen. Junge Männer und Knaben kamen zu Cloud und baten um Unterricht und so brachte er ihnen allen bei, wie man eine Flöte herstellt und spielt. Und er erzählte ihnen, wie ihn die Geister zur *Hokagapi* geführt hatten und die Verzweiflung seines gebrochenen Herzens in Freude über einen in Erfüllung gegangen Traum verwandelt hätten. Deshalb schwingt bei jeder Flöte auch immer ein dumpfer Ton von Traurigkeit mit, erzählte er ihnen, um alle daran zu gemahnen, dass die Flöte zwar gespielt wird, um ein Herz zu gewinnen, dass aber die Liebe immer auch das Risiko eines gebrochenen Herzens birgt. So ist die Liebe.

Seither kann man an Sommerabenden, wenn die Glühwürmchen in der Abenddämmerung blinken, süßen Flötentönen lauschen, die aufreizend die Flusstäler landauf und landab gespielt werden und deren Klang die Herzen aller Frauen, ob jung oder alt, berühren. *Hokagapi,* die Flöte, die aus der Verzweiflung geboren war, wurde zur Stimme des Werbens, der Zuversicht, der Hoffnung – und der Liebe.

REGINE ROMPA

Und immer wieder Gala

»Es gibt zwei kreative Quellen: den Tod und die erotische Landschaft.«
(Dalí: Das geheime Leben des Salvador Dalí)

»Und was willst du jetzt, was ich mit dir mache?« Er schrie, denn der Seewind und die Wellen, die unter ihnen an die Klippe schlugen, brausten in einem wilden Kampf. Er hielt ihren Kopf nur noch an den Haaren. Ihr Körper schwang über dem Abgrund. Sein Herz schlug wie verrückt.

»Was willst du? Sag es mir!« Sie wandte sich nur ganz leicht, überraschend wenig erschrocken, zu ihm um und sah ihn an. Er meinte fast, den Anflug eines Lächelns zu entdecken: »Ich will, dass du mich tötest.«

Ihre leisen Worte trafen ihn in all dem Lärm ganz ohne Anstrengung.

Und sie trafen ins Schwarze. Sie blieb selbst dann stärker, wenn er sie mit aller Kraft in seiner Gewalt hielt, sie verlor niemals ihre Würde. Es war wie in seinen Gewaltphantasien über sie. »Gala, brich dir den Rücken an diesen Steinen!«, schrieb er zum Beispiel. »Ich will dir wehtun und dich dann betrachten, schön, wie du bist in deinem schrecklichen Schmerz!« Danach fühlte er sich jedes Mal schuldig, kniete vor ihr ... und war damit wieder der Schwächere. Gala würde erst im Tod zu bändigen sein. Er wusste, er wollte sie heiraten.

Er wusste auch, dass seine Beziehung zu dieser zehn Jahre älteren, verheirateten Frau mit den vielen wechselnden Liebhabern langsam recht krankhafte Züge annahm. Doch sie gab ihm in seinen perversen Träumen Halt. Mit ihrer ewigen Überlegenheit lenkte sie ihn durch den Sturm seiner selbst und brachte ihn daraus wieder heil hervor. Er erschuf aus dieser kraftvollen Anziehung Bilder, wie es sie bis dahin noch nie gegeben hatte; sie erschuf ihn.

»Ich will sie um alles in der Welt erobern«, sagte er zu seinem Freund Buñuel in Cadaqués. Buñuel schrieb über die Begegnung: »Dalí war von einem Tag zum anderen völlig verändert. Jede Übereinstimmung von Ideen zwischen uns war verschwunden. Er sprach nur noch von Gala und wiederholte jedes Wort, das sie sagte.«

Doch Gala zeigte ihm zunächst die kalte Schulter. Um sie zu beeindrucken, zerschnitt er sein Seidenhemd. Er riss es zusätzlich in Fetzen, zog seine Unterhose verkehrt herum an, rasierte sich die Achseln und strich blaue Farbe hinein, die er mit seinem eigenen Blut vermischte und über seinen Körper verteilte. Dann trug er Ziegenmist auf seine Haut auf, um wie ein Faun zu duften. Zum Schluss platzierte er eine rote Geranie hinter jedem Ohr und betrat in diesem Outfit sein Atelier. Gala, die dort mit einigen Freunden umherging, war überraschenderweise wenig beeindruckt. Dalí wurde daraufhin so nervös, dass er einen anhaltenden Lachkrampf bekam und nicht mehr sprechen konnte.

Gala gab noch eine abfällige Bemerkung zu einem seiner Bilder ab, auf dem Fäkalien in Unterhosen abgebildet waren, und wandte sich zum Gehen. Doch als Dalí schon die volle Zurückweisung erfahren hatte, drehte sie sich noch einmal um, ergriff seine Hand, sodass sein Lachkrampf augenblicklich abbrach und sagte: »Mein Kleiner, verstehst du denn nicht, dass wir uns nie mehr trennen werden.«

Etwas später fand der Spaziergang an der Klippe statt, der nicht die letzte Beschäftigung des merkwürdigen Paares mit dem Tod sein sollte. Sie waren getrieben von Extremerfahrungen miteinander. Der intime Moment, der in ihnen jede Konvention überwand, ließ sie sich einander als Menschen existentiell begegnen, ohne moralische Vorbehalte. Dalí lieferte diese Art von Intimität Stoff für bizarre Träume, aus denen Bilder en standen: Frauenfiguren mit Galas Gesichtszügen, Körperteile Galas, Gala mit zwei Lammkoteletts über der Schulter, nackte Frauenkörper, Genitalien, Haltlosigkeit dargestellt durch Stelzen, die all das wankend über der Erde halten, schmelzende Uhren als Darstellung der Unsicherheit über die Zeit, Heuschrecken als Symbole, die Urängste zeigen, Halluzinationen, Visionen, Träume …

Nach Galas Scheidung von ihrem Mann Paul Éluard, der ihr jedoch trotz ihrer Ausschweifungen unter anderem mit seinem Freund, dem bekannten Maler Max Ernst, weiterhin Liebesbriefe schrieb (wobei auch Éluard Gala mehrfach betrogen hatte), heirateten Dalí und Gala. In der Gruppe surrealistischer Freunde, die sich um den Autor und Surrealismustheoretiker André Breton im »elektrischen Museum« trafen, eckten sie mit ihrer Betonung alles Schamhaften bald an. Gala passte nicht ins Frauenbild des frühen 20. Jahrhunderts. Die Surrealisten suchten in der Frau das Kind oder die Mutter, nicht die überlegene, kalte Kriegerin, die sich einfach nimmt, was sie will. Und der vor der Begegnung mit Gala schüchterne, jetzt sich völlig selbstoffenbarende Dalí passte eigentlich überhaupt nirgends hin. Er sprach von sich in der dritten Person und stilisierte sich bei jeder Gelegenheit selbst als Genie.

Dalí begann, seine Bilder mit »Gala/Dalí« zu signieren. Sie half ihm bei der Arbeit, mischte sich ein, obwohl sie keine Künstlerin war; er tat, was sie sagte. Sie vermarktete seine Bilder – und hatte damit Erfolg. Dalí wurde zu »Mr. Surrealism«, dem bekanntesten und reichsten surrealistischen Maler überhaupt. Sie blieben bis zu Galas Tod zusammen, wenn auch Gala bis zum Ende ihres Lebens weitere Liebhaber hatte, die immer jünger wurden, je älter sie selbst wurde, und auch Dalí voyeuristische Orgien veranstaltete. Beide wurden immer wieder rasend vor Eifersucht. Die Beziehung blieb nicht nur deshalb hoch emotional, voller Reibungen und Aggressionen. Die vielen Streitigkeiten des Paars endeten in den späten Jahren immer heftiger. Einmal schlug Gala Dalí mit einem Spazierstock, sodass eine Narbe am Kopf zurückblieb. Bei einem anderen Streit brach Dalí ihr drei Rippen. Als Gala im Alter von neunzig Jahren starb, war Dalí zutiefst getroffen. Ohne sie, sagte er einer Freundin, sei alles zu Ende.

JOHANN WOLFGANG VON GOETHE

Nicht verzweifeln!

Verzweifelt nicht ihr Jünglinge, wenn eure Mädchen spröde sind. Niemals hat noch die Kälte der mütterlichen Lehren ein weibliches Herz so zu Eise gehärtet, dass es der alles erwärmende Hauch der Liebe nicht hätte zerschmelzen sollen.

HILDEGUND WÖLLER

Simson und Delila

Man sagt ja, der Name Simson sei verwandt mit dem hebräischen Wort für Sonne, und der Name Delila erinnert an das hebräische Wort für Nacht. Vielleicht geht es bei dieser Geschichte darum, dass die Strahlen der Sonne von der Nacht verschlungen werden. Aber die Erzählung von den beiden klingt viel brisanter.

Simson war von Geburt an etwas Besonderes. Kein Geringerer als ein Engel hatte der lange Jahre unfruchtbaren Frau des Manoah einen Sohn angekündigt. Manoah meinte sterben zu müssen, als er den Engel zu sehen bekam, aber seine Frau freute sich viel zu sehr auf ihr Kind, um sich solche Sorgen zu machen. Keinen Wein sollte sie trinken und nichts Unreines essen während ihrer Schwangerschaft, hatte der Engel ihr eingeschärft, und ihrem Sohn sollten niemals die Haare geschnitten werden. Als Simson herangewachsen war, war er groß wie ein Baum, unglaublich stark und ein Ausbund an Abenteuerlust. Und da sein Volk von den Philistern bedrängt war, suchte er geradezu die Auseinandersetzung mit ihnen. Mit Vorliebe nahm er sich Mädchen der Philister als Geliebte, denn sein sexueller Appetit war groß, und wenn es darüber zum Streit kam, machte es ihm Vergnügen, durch List und übermenschliche Kraft viele von ihnen zu erschlagen. Was immer sie gegen ihn unternahmen, er kam immer davon, indem er ganze Stadttore aushob oder seine Fesseln sprengte.

Eines Tages machte er eine schöne Frau der Philister, Delila, zu seiner Geliebten. Als die Obersten der Philister das herausfanden, versprachen sie Delila viel Geld, wenn sie aus ihm herausbekäme, worin die Magie seiner übermenschlichen Stärke bestünde. Delila ging darauf ein, und als Simson bei ihr lag, bat sie ihn: »Sage doch, wodurch deine Kraft so groß ist und womit man dich fesseln muss, um dich zu halten.« Simson scherzte mit ihr: »Man muss mich mit sieben frischen Darmsaiten fesseln, die noch nicht trocken sind.«

Die Oberen der Philister brachten Delila sieben frische Darmsaiten, und als Simson das nächste Mal, gesättigt vom Liebesspiel, in ihren Armen schlief, band sie ihn mit den frischen Saiten. Die Philister lauerten schon hinter der Tür. Als Delila Simson weckte mit dem Ruf »Die Philister sind da!«, sprang er aber auf und warf die Fesseln ab. Die Philister machten sich davon. Aber Delilas Reize waren für Simson offenbar immer noch groß, jedenfalls kam er wieder zu ihr. Delila empfing ihn auch freundlich, aber dann lag sie ihm wieder in den Ohren: »Du hast mich das letzte Mal belogen, nun sage mir doch: Womit kann man dich binden?« Simson dachte sich etwas Neues aus und vertraute ihr an: »Wenn man mich mit Stricken bindet, die noch ganz neu sind, dann kann ich mich wie jeder andere Mann nicht aus ihnen befreien.« Delila sagte das den Philistern, die ihr auch gleich solche Stricke besorgten, und das Spiel wiederholte sich. Delila schlief mit Simson, dann fesselte sie ihn mit den Stricken, und als sie Simson weckte, während die Philister sich schon auf ihn stürzten, zerriss er die Stricke wie Bindfäden. Offensichtlich liebte Simson die Gefahr, er kam wieder zu Delila. Und als sie ihm erneut klagte, er habe sie nun schon zweimal belogen, gab er scheinbar nach: Man müsse seine Locken auf einen Webstuhl flechten und mit einem Pflock feststecken. Als er dann schlief, nahm Delila ihren Webstuhl und focht Simsons Locken hinein. Doch wieder war es nichts: Als die Philister kamen, riss Simson seine Locken samt Webstuhl heraus. Doch erneut trieb es Simson zu Delila, und sie setzte ihm mit ihren Klagen zu: »Dreimal, hast du mich nun schon belogen. Wie kannst du sagen, dass du mich liebst, während du mir doch nicht vertraust?« Ihr andauerndes Reden und Schmeicheln und Klagen wurde Simson zu viel. Nun gab er sein Geheimnis preis: Noch niemals seien seine Haare geschnitten worden, darin liege seine Kraft. Delila spürte, dass er ihr diesmal die Wahrheit gesagt hatte, und sandte Nachricht an die Obersten der Philister: »Kommt, denn diesmal hat er mir sein Geheimnis verraten.« Da kamen die Philister und brachten auch das vereinbarte Geld mit, das Delila zu einer reichen Frau machen würde. Und als Simson auf ihrem Schoß eingeschlafen war, ließ sie ihm die Haare abschneiden, und dann weckte sie ihn. Simson glaubte beim Aufwachen, er könne sich wie die anderen Male losmachen, aber diesmal nützte es ihm nichts: Die Philister nahmen ihn fest und stachen ihm die Augen aus. Er wurde in Fesseln ins Gefängnis gebracht und musste dort die Mühle drehen, das heißt den ganzen Tag im Kreis herumgehen und dabei einen schweren Balken schieben, der einen Mühlstein bewegte. Doch seine Qualen waren damit noch nicht zu Ende: Als die Philister sich zu einem Fest in ihrem Tempel versammelten, ließen sie Simson vorführen, um sich an dem Anblick des blinden Riesen zu erfreuen, den sie in ihre Gewalt gebracht hatten. Sie achteten nicht darauf, dass Simsons Haare wieder gewachsen und damit seine unbändigen Kräfte zurückgekehrt waren. Simson umspannte die Säulen des Tempels und riss sie ein. Da begrub das Dach des Tempels alle Festgäste und ihn mit. So wurde er der erste Selbstmordattentäter.

RAINER MARIA RILKE

Ich fühl's

An Lou Andreas-Salomé nach Hallein
Wolfrathshausen bei München
am Sonntag, den 5. September 1897

Aus meinem Tage soll ich Dir erzählen: Er ist arm, denn Du bist ihm fern; er ist reich, denn Deine Güte liegt leuchtend über seinen Dingen. Ich spreche viel zu Dir und mit allem von Dir. Lebe leider mitten unter Menschen, die mit ihrem Lautsein meine Träume stören, natürlich kenne ich keinen. Es sind Menschen, die von Ausflügen, Regentagen und Kindererziehung sprechen, sich tiefe Verbeugungen machen, wobei sie grinsen und sich die Hände reiben, und sich täglich zehnmal übermäßig laut »Guten Morgen« sagen. So verkehre ich einzig mit Stauffer-Bern, der, wenngleich in manchem unsympathisch, ein interessanter und bedeutender Mensch scheint. Ich freue mich, mit Dir über den seltsamen Bernburger reden zu können, der ein Gemisch von Tollkühnheit und Lebensfeigheit, von leisem, reinem Empfinden und brutalem Austönen ist, und der diese Kontraste seiner Seele einer Frau gegenüber, ungelenk und klotzig genug, ausspricht. Nicht jener Selbstzweifel aber, der immer wieder Stauffers Hoffnung kränkeln lässt und ihn einem Kunstzweig entfremdet, einem anderen entgegenführt, ehe er in irgendeinem wirklich blühen durfte, scheint mir das Tragische in seinem Erleben, sondern dass weder er noch Frau Escher rechtzeitig erkannten, was sie eigentlich zueinanderzog (oder es nicht erkennen wollten?), und dass nach dem endlichen, späten Erkennen in den Feiertag ihres sich Gefundenhabens die gewaltsamen Stürme einbrachen, die alle die jungen Keime zernichten mussten. Es ist nicht allein wertvoll, dass zwei Menschen einander erkennen, es ist von großer Wichtigkeit, dass sie einander zur rechten Zeit finden und miteinander tiefe und stille Feste feiern, in denen sie zusammenwachsen in ihren Wünschen, um gegen Stürme geeint zu sein. Wie viele Menschen mögen schon aneinander vorübergegangen sein, weil sie nicht Zeit fanden, sich aneinander zu gewöhnen; ehe zwei Menschen gemeinsam unglücklich gewesen sein dürfen, müssen sie zusammen selig gewesen sein und eine gemeinsame heilige Erinnerung haben, die verwandtes Lächeln auf ihren Lippen und verwandte Sehnsucht in ihren Seelen bewahrt. Sie werden wie Kinder, die ein Weihnachtsfest zusammen verjubelt; wenn sie ein(ig)e Minuten Aufatmens finden in den langen, blassen Tagen, setzen sie sich zusammen und erzählen sich mit glühenden Wangen von der tannenduftenden Lichternacht …

Solche Menschen gehn durch alle Stürme gemeinsam. Ich fühls!

Rainer

4. Kapitel

Vom Zweifel und der Eifersucht

HEINRICH HEINE

Ich grolle nicht

Ich grolle nicht, und wenn das Herz auch bricht,
Ewig verlornes Lieb! ich grolle nicht.
Wie du auch strahlst in Diamantenpracht,
Es fällt kein Strahl in deines Herzens Nacht.

Das weiß ich längst. Ich sah dich ja im Traum,
Und sah die Nacht in deines Herzens Raum,
Und sah die Schlang', die dir am Herzen frisst –
Ich sah, mein Lieb, wie sehr du elend bist.

SÖREN SIEG

Fragen Sie niemals Ihren Partner: Liebst du mich eigentlich noch?

Sie und er, Mitte 40, liegen friedlich nebeneinander im Ehebett. Er liest. Sie schaut plötzlich nachdenklich ihren Mann an.

SIE: Sag mal, Bernd?

ER *(ohne aufzublicken)*: Ja?

SIE *(zögert)*: Liebst du mich eigentlich noch?

ER *(legt das Buch beiseite, überlegt)*: Wie meinst du das?

SIE: Wie – wie mein ich das?

ER: Das ist natürlich eine Frage der Definition.

SIE: Definition?

ER: Also, meinst du es im Sinne von Zuneigung, im Sinne einer engen Verbundenheit, eines körperlichen Begehrens, oder im Sinne einer tiefen, leidenschaftlichen Gefühlskraft?

SIE: Ja, äh, also alles natürlich …

ER: Na ja, du weißt ja, ich bin nicht so der total überschwängliche Typ. Und natürlich mag ich dich, fühl mich dir verbunden, möchte ab und zu mit dir schlafen … aber wenn du jetzt auf diese etwas mystisch verklärte, existenzielle Passion abzielst …

SIE *(erschrocken)*: Du liebst mich gar nicht? Bist du etwa nur der Kinder wegen bei mir geblieben?

ER *(seufzt)*: Aber die Kinder sind uns doch beiden total wichtig!

SIE *(beginnt zu weinen)*: Aber … wieso erfahre ich das alles erst jetzt?

ER: Du hast doch nie gefragt!

169.800 Ehen wurden 2013 geschieden. Nach durchschnittlich vierzehneinhalb Jahren. Länger halten Partner die Frage *Liebst du mich eigentlich noch?* einfach nicht aus. Wie viel Sinn macht es eigentlich genau, über Gefühle zu reden? Vor allem über schöne, über die schönsten Gefühle? »Worüber man nicht reden kann, darüber muss man schweigen«, so endet Wittgensteins *Tractatus logico-philosophicus.* Die 327 Seiten davor habe ich nicht verstanden. Aber das schon.

Das Problem ist doch: Liebeserklärungen sind wie Pointen. Sie funktionieren nur als Überraschung. So wie man sich selbst nicht kitzeln kann. Natürlich kann man eine Art Beziehungstarifvertrag abschließen mit monatlicher Abgabe einer Liebeserklärung. Dann kann man sich aber auch gleich gemeinsam einsargen lassen. Gewerkschafter sind ungefähr so sexy wie Haferflocken.

Wenn der andere sich wirklich nur noch so viel Mühe gibt wie Angela Merkel mit ihren Silvesteransprachen, dann sollte man den Rat meiner Freundin Irena beherzigen: Mach dich rar. Kümmer dich um dich selbst. Mach dich glücklich! Dann kommt der andere schon von selbst angelaufen. Wenn nicht, ist es eh zu spät. Auf Befehl, aus Mitleid oder Pflichtgefühl möchte niemand geliebt werden. Das ist das Paradox der Liebe. Jeden Montag eine Liebeserklärung einzufordern, ist etwa so sinnvoll wie einen Kochkurs in England zu belegen. Englisches Wetter, englische Frauen und englische Küche sind die Grundlagen einer großen Seefahrernation.

Übrigens gibt es noch jede Menge Varianten dieser Frage, die noch viel gefährlicher sind: *Findest du mich noch schön? Findest du mich noch sexy? Denkst du beim Sex an andere Frauen? Macht es dir was aus, dass ich älter geworden bin?*

Wer weder lebensmüde ist noch dreist belogen werden möchte, verzichtet weise auf all diese Fragen. Wie heißt es in Saudi-Arabien? »Gut ist es, die Wahrheit zu kennen. Besser ist es, über Palmen zu sprechen.«

KURT TUCHOLSKY

Der andre Mann

Du lernst ihn in einer Gesellschaft kennen.
Er plaudert. Er ist zu dir nett.
Er kann dir alle Tenniscracks nennen.
Er sieht gut aus. Ohne Fett.
Er tanzt ausgezeichnet. Du siehst ihn dir
an …
Dann tritt zu euch beiden dein Mann.

Und du vergleichst sie in deinem Gemüte.
Dein Mann kommt nicht gut dabei weg.
Wie er schon dasteht – du liebe Güte!
Und hinten am Hals der Speck!
Und du denkst bei dir so: »Eigentlich …
Der da wäre ein Mann für mich!«

Ach, gnädige Frau! Hör auf einen wahren
und guten alten Papa!
Hättst du den Neuen: in ein, zwei Jahren
ständest du ebenso da!

Dann kennst du seine Nuancen beim Kosen;
dann kennst du ihn in Unterhosen;
dann wird er satt in deinem Besitze;
dann kennst du alle seine Witze.
Dann siehst du ihn in Freude und Zorn,
von oben und unten, von hinten und vorn …
Glaub mir: wenn man uns näher kennt,
gibt sich das mit dem happy end.
Wir sind manchmal reizend, auf einer
Feier …
und den Rest des Tages ganz wie Herr Meyer.
Beurteil uns nie nach den besten Stunden.

Und hast du einen Kerl gefunden,
mit dem man einigermaßen auskommen
kann:
dann bleib bei dem eigenen Mann!

NATALY BLEUEL

Zweieinhalb Hochzeiten

Die beiden Ehen, deren Trauung ich offiziell bezeugt hatte, wurden nach kurzer Zeit geschieden. Fortan wollte ich nicht mehr Trauzeugin sein, ich war nicht von Eheschließungen zu überzeugen. Bei der dritten Anfrage stellte ich mich als Master of Ceremony zur Verfügung. Früher war ich auf Partys DJane gewesen, jetzt kam mir die augenzwinkernde Entlehnung aus dem HipHop gelegen. Aber meine Freunde trennten sich schon vor der Trauung ohne meine Unterstützung.

Im Hochzeitsbild verdichten sich extreme Sehnsüchte.

Hier meine Schnappschüsse.

Die erste Hochzeit begann auf dem Standesamt. Mit meiner Freundin und dem Mann, von dem sie sich ab sofort ewige Treue erhoffte, saß ich am Tisch des Beamten. Ich war auch stolz. Dass ausgerechnet ich hier mit ihnen sein durfte. Der Mann zog aus seiner Jacketttasche einen Füller mit goldener Mine, schraubte ihn auf, und während er seine Unterschrift auf das Papier malte, dachte ich: Meine Aufgabe als Trauzeugin ist es nun, den beiden zur Seite zu stehen, wenn sie in ihrer Beziehung ins Straucheln gerieten. Ich sah den Mann an. Er wirkte zielstrebig, zufrieden und gefasst. Anders als meine Freundin, sie war aufgelöst. Am Vortag, vor dem Spiegel, im Kleid, hatte sie gesagt: »Ich sollte es sein lassen.« Ich hatte es auf ihre Selbstüberforderung geschoben. Ich würde für sie da sein. Aber würde auch der Mann meine Hilfe beanspruchen wollen? Er hatte keinen Trauzeugen. Er vertraute auf mich. Oder nahm er das Ganze auch nicht so ernst?

Die Kirche, in die es anschließend ging, lag in einem alternativen Bezirk der Stadt. Der Pfarrer war schwul. Meine Freunde glaubten, darin einen Kompromiss gefunden zu haben: Sie wünschte sich das ganz große Tamtam, mit Orgel und Kirche, aber beide gingen sonst nie in die Kirche, und ihm hätte das

Standesamt gereicht. Mich irritierte das wie ein Vexierbild: Meint sie es doch ernst, traut sich nicht, es zuzugeben, und behauptet sich dann in der oszillierenden Ironie?

Meine Freundin hatte mich vorher gebeten, einen Psalm zu lesen bei der Trauung. Ich musste erst mal nachschlagen, wozu man das tat. Dann holte ich die Bibel aus dem Regal – ich wusste nicht, wer sie da hineingestellt hatte – und blätterte darin herum. Ja, da standen schöne Allegorien drin, archaisch, tief, groß. Aber so religiös. Ich rief meine Freundin an:

Ich: »Es ehrt mich ja, dass ich das vortragen soll. Aber muss es ein Psalm sein?«

Sie: »So schwer kann das doch nicht sein!«

Ich: »Aber ich hab' doch überhaupt nichts mit Kirche am Hut, ich glaub' ja nicht mal an Gott!«

Sie: »Macht doch nichts, in Psalmen stehen wahre Dinge.«

Ich: »Mir ist das peinlich.«

Sie: »Zier dich nicht so, du gehst einfach hoch und liest das vor.«

Ich: »Auf die Kanzel?«

Sie: »Zum Altar.«

Ich: »Mir ist das unangenehm gegenüber den Gläubigen, wenn ausgerechnet ich da was verkünde. Wo ich aufgewachsen bin, dachten sie, ich wär des Teufels, ich bin nicht mal getauft!«

Sie: »Dann lies halt ein Gedicht vor, das du magst.« Ich legte auf und grämte mich. Meiner Freundin war es wichtig, und ich schlug ihr einen Wunsch aus. Aber ein Gedicht ging in Ordnung. Ich schätze Gedichte, sehr. Und wusste auch gleich, welches ich nehmen würde. Mein Lieblings-Liebesgedicht: »Die Liebenden« von Bert Brecht. »Seht jene Kraniche in großem Bogen!« Ich las es durch. Der Schluss würde ihr vielleicht nicht gefallen: »Und wann werden sie sich trennen? – Bald.« Aber das Gedicht war so wahr. Es sang von der Liebe und von der Freiheit, und es nagelte die Liebenden nicht fest. Ein würdiger Psalm, er entsprach meinen Vorstellungen.

Die Hochzeitsgesellschaft versammelte sich vor der Kirche. Das Portal ging auf, es war eine hübsche Kirche, vorn auf dem Altar standen weiße Lilien, und ein mannshohes Kandelaber brannte. Doch als sich alle gesetzt hatten, klaffte zwischen uns Gästen und dem Altar, zu dem das Paar bald schreiten würde: Leere. Alle hatten sich in die hinteren Reihen platziert. Ich nahm meinen Freund und mein Kind an der Hand und zog sie weit nach vorn. Wir konnten das Paar doch nicht so allein lassen.

Die Musik setzte ein, und die beiden schritten Arm in Arm über den roten Teppich. Er lächelte. Sie sah für mich aus, als würde sie jeden Augenblick in ihrem zu großen Kleid zusammensacken wie unter einem Zelt. Der Moment war zu groß. Es war der Moment. Der Moment, auf den die Frau ihr Leben lang hin fiebert. Sogar meine Freundin. Und nicht nur diese.

Ich war froh, ihn an ihrer Seite zu sehen. Er stützte sie.

Sonst hätte ich es getan. Als sie den Pfarrer sah, ein sympathischer junger Mann, schien ihr das Kraft zu geben. Dann sprach der Pfarrer. Ich schaute auf die flackernden Kerzen, auf das ergriffene Gesicht meiner Freunde, wie sie sich die Ringe überstreiften, und auf das Licht, das durch die bunten Fenster fiel. Die Leute auf den hinteren Plätzen waren mucksmäuschenstill. Ein Wunder, denn es waren viele kleine Kinder da. Mein Liebesgedicht las ich nicht, meiner Freundin hatte es nicht behagt. Am Ende sagte der Pfarrer, »Bitte erheben Sie sich«, wir erhoben uns, und er sagte »Amen«, was auch ich leise wiederholte.

Am Abend auf das Fest kam auch der sympathische junge Pfarrer. Es schien ihn überhaupt nicht zu stören, dass er in langem Talar unter all den Partygästen stand. Und dann hörte ich, wie er sagte: Wir hätten ja als Hochzeitsgesellschaft komplett versagt – kein einziger von uns sei in irgendeiner Weise auf die Liturgie eingegangen. Welche Liturgie? Ich fragte meinen Freund. Er zuckte mit den Schultern. Ich ging zu meiner Freundin. Jetzt strahlte sie. »Was haben wir denn falsch gemacht?« Sie lachte. Wir hätten halt all unsere

Einsätze verpennt, wir hätten Sätze des Pfarrers wiederholen müssen und aufstehen und »Amen« sagen und so weiter. Aber egal.

Nach einiger Zeit der Ehe wurde meine Psalmfreundin dann von ihrer größten Angst eingeholt: Der Mann, dem ich etwaige Hilfe angedeihen hatte lassen wollen, betrog sie. Wie schon ihr Vater ihre Mutter. Weswegen sie sich kaum etwas mehr ersehnt hatte, als einen ernstzunehmenden, hochheiligen Treueschwur vor dem Altar. Es war also keinerlei Ironie in ihrem Hochzeitsarrangement gelegen. Sondern ein Ernst mit bitterem, geradezu verzweifeltem Beigeschmack.

Die zweite Hochzeit war nicht so klassisch. Meine Freundin war hochschwanger, und der Vater des Kindes sollte noch rasch zum Gatten gemacht werden. Es schien ihr einfacher, zum Standesamt zu gehen als zum Jugendamt. Da musste man sonst einen Sorgerechtsantrag stellen. Diese Logik konnte ich nicht ganz nachvollziehen. Viele andere Freunde behaupteten, sie heirateten vor allem wegen des Geldes. Um Steuern zu sparen. Dass dieses Argument mich aufbrachte, wusste meine Freundin zu gut. Und ich wusste: Auch sie wünschte sich zwar keine Bilderbuchhochzeit – wie meine Psalmfreundin –, aber doch eine Bilderbuchehe. Wie die ihrer Eltern.

Diese Hochzeit wurde mehr ironisch als liturgisch gefeiert. Die Braut trug Cowboystiefel, wilde Fransen baumelten vom Kleid über ihren kugelrunden Bauch, die Freunde hatten, in pinkfarbenen Cowboyhüten, ein Ständchen von Dalida einstudiert, und die Eltern kamen eher aus Jux als im Ernst vorbei. Die Ansprache der Standesbeamtin überraschte mich in ihrer säkularen Menschenkenntnis, und sie rezitierte sogar Tucholsky! Bestimmt, weil sie im Sozialismus groß geworden worden war, da hatten sie Rituale auf ihren anthropologischen Kern eingedampft. Als sie die vom Bräutigam mitgebrachte CD in den Rechner schob und der Kerzenständer darauf zu wackeln begann, während Louis Armstrong »What a Wonderful World« brummte, musste ich lachen.

Doch dann sah ich den Blick der Braut, meiner Freundin, die gerade im Begriff war, vermählt zu werden. So hatte ich sie noch nie gesehen. Und ich kannte sie sehr lange. In ihren Augen lag etwas Erhebendes, sie glänzten, sie flackerten. Meine Freundin, diese momentan sehr schwere, schwangere Frau, sah aus, als würde sie soeben in einen anderen Erdenkreis geschossen, irgendwie … ja, erhaben. Es war ein Schein um sie. Im Moment der Ehelichung. Und ich meine das überhaupt nicht ironisch. Es war so. Und es beeindruckte mich. Es war ein Transformationsprozess, ein Übergang. Im Französischen klingt es schöner, mystischer:

Es war ein Rite de Passage. Das ist kein Zustand, den man auf Dauer halten kann. Auch und gerade wenn er wahnsinnig schön ist. Zum aus der Haut fahren. Wie eigentlich auch ich sie mir wünschte.

Ich glaubte, den Kern der Sache erkannt zu haben.

Dennoch erschien mir der Einsatz zu hoch. Und auch diese Ehe zerbrach am harten

Boden der Tatsachen: im gemeinsamen Haushalt. Sie kamen sich wieder näher, als die Haushalte getrennt wurden. Nicht viele Menschen können gut gemeinsam unter einem Dach leben. Warum zwängen sich alle darunter? Wir schafften es, gemeinsam, aber frei unter einem Dach zu leben. Für andere wäre es vielleicht manchmal besser, zusammen zu bleiben, aber nicht im gleichen Haus.

Die dritte Hochzeit fand gar nicht statt, aber sie sollte es eigentlich. Auch mit dieser Freundin erlebte ich einen Zustand äußerster, außergewöhnlichster Verzückung. Das war, als sie mir den Verlobungsring hinhielt, an ihrer ausgestreckten Hand, fein und zart, und sie zitterte, Tränen schossen in ihre Augen, und sie kicherte und lachte und war außer sich. Ich erschrak ein wenig. Und sagte: »Oh! Mann, du freust dich aber! Wow.« Und dachte: Es scheint für sie tatsächlich das höchste der Gefühle zu sein, von einem Mann geehelicht zu werden. Auch wenn sie ihn gerade erst kennengelernt hat. Als wäre genau dies ihre Bestimmung. Leider endete die Beziehung vor der Eheschließung. Oder: Gott sei Dank?

Vermutlich, dachte ich nach all diesen Hochzeiten, hatte ich, im Lauf meines Liebeslebens, den Glauben aufgegeben. Nicht an Gott, den hatte ich nie erlernt. Sondern an die Idee vom großen Glücksrausch mit dem Einen. Der mich erlösen sollte. Ich fand diese Idee, vor allem für mich selbst, je älter ich wurde, blind, naiv und gefährlich – ich wollte mich nicht (mehr) abhängig machen von einer einzigen anderen Person. Wie ich es bei der ersten großen Liebe als junges Mädchen getan hatte, und dann wieder und dann noch einmal. Wenn ich unglücklich war wegen einer Sache, hatte ich gelernt, an die anderen in meinem Leben zu denken, die mir Halt gaben: Kinder, Partner, Freunde, Natur, Aufgaben, Arbeit, Bücher, Kino und ein Glas Schaumwein oder zwei. Der Geliebte war nur ein Mensch. Nicht der Messias.

STEPHANIE KATERLE

»Ich liebe meinen Job!«

Der Wind in den Segeln des Beziehungsschiffs sind Begeisterung, Lebensfreude, Bestätigung und Erfolgserlebnisse. Die Liebe zum Job, das teilweise euphorische Aufgehen in der beruflichen Tätigkeit, hat aber für manche Beziehungen auch eine Schattenseite.

Wut, Affekt, Angst vor dem Verlassenwerden, Minderwertigkeitsgefühle, Kontrolle, Druck, Leid, Überreaktion … Ein wahres Horrorkabinett der Emotionen – und alle sind sie Symptome eines Gefühls, das fast jeder kennt und zumindest in Ansätzen bereits erlebt hat: Wir sprechen von der Eifersucht, diesem hinterhältigen kleinen Gefühl, das unser Denken vergiftet und in der Regel zu hässlichen Auseinandersetzungen, teilweise zu Gewalt, Rache und sogar Mord führt. In der Regel ordnen wir Eifersucht dem Thema

Liebe und Zweierbeziehungen zu, die durch das Hinzutreten von etwas Drittem aus dem Gleichgewicht geraten. Aber eifersüchtig auf die Arbeit des anderen zu sein? Das passt doch nicht. Hat Eifersucht nicht etwas mit enttäuschtem Vertrauen, mit Liebe und Zweisamkeit zu tun?

Eben! Es gibt gute Gründe anzunehmen, dass diese Art von Eifersucht tatsächlich stattfindet, und die Belege für die These finden sich sowohl in den Symptomen als auch in der Genese und den Auswirkungen von Eifersucht. Doch sehen wir es uns erst einmal an, das Gefühl, das keiner haben will. Wie würde ein gallischer Druide den Trank für eine effektive Eifersucht zusammenrühren?

Zunächst einmal braucht man, um dem Eifersuchtssüppchen tüchtig einzuheizen, immer eine Grundzutat: das Dritte in der Beziehung. In unserer Kultur gehen wir bei Liebesbeziehungen von Zweierkonstellationen aus, den sogenannten Dyaden. (Manche andere Kulturen leben in Gruppen oder polygam, dies speist sich aber nicht unbedingt aus einer grundsätzlichen Ablehnung der Dyade. Auch in polygamen Beziehungen gibt es Eifersucht.)

Das Dritte kann, muss aber nicht ein um die Gunst der Partnerin werbender Rivale oder eine verführerische Nebenbuhlerin sein. Das Dritte kann auch durch einen männlichen oder weiblichen guten Freund verkörpert werden, durch ein Kind oder sogar ein Haustier. Selbst immaterielle Faktoren – wie eben der Job – können Eifersucht auslösen: das Singen im Chor, die berühmte Modelleisenbahn, Videospiele, das Lösen von Rätselheften, ein Radausflug auf Mallorca oder das Hobby.

Um Eifersucht zu generieren, muss als zweite Grundzutat ein Schuss mangelndes Selbstwertgefühl hinzukommen, eine grundlegende Ängstlichkeit, verlassen zu werden, weil man vielleicht nicht gut genug sein könnte. Diese Verlassensangst ist dem Ursprung nach normal und positiv; wir haben sie als Babys gebraucht, um uns durch Schreien, Quengeln oder durch Rudern mit den Armen wieder ins Gedächtnis unserer auf Abwegen geglaubten Mamas und Papas zu bringen. Verlassen zu werden ist für kleine Kinder lebensbedrohlich, darum sitzt dieses Gefühl auch so tief in unserem limbischen System, dem ältesten Teil des Gehirns, das lange vor unserer Geburt bereits angelegt ist und für die Basisemotionen zuständig bleibt. Babys sind auf die Eltern angewiesen. Darum müssen sie Alarm geben so laut sie können, um sicherzustellen, dass auch reagiert wird, dass Mama und Papa wiederkommen und das Bedürfnis befriedigen.

Normalerweise verlernt man diese heftigen inneren Reaktionen. Als Erwachsene ist die panische Angst vor dem Verlassenwerden überflüssig, schließlich sind wir ja nicht vom Tode bedroht, wenn sich unser Partner von uns abwendet. Der Hirnbereich, der für diese Emotionen zuständig ist, hält aber nichts von rationalen Überlegungen und schreit Alarm, sobald die Gefahr des Verlassenwerdens signalisiert wird. Ob das kindisch ist oder nicht, scheint für das limbische System zweitrangig. Wir können an große Teile dieses uralten Gefühls nicht heran, darum entzieht es sich unserer rationalen Logik. Unser erwachsenes Ich findet unser Verhalten (besonders im Nachhinein!) peinlich und schüttelt betreten den Kopf. Im Ernstfall ist es dann aber wieder genauso machtlos wie vorher.

Weiterhin braucht eine rechte Eifersucht für die nötige Würze das Gefühl der Ohnmacht. Ohnmacht führt zum Wunsch, Kontrolle auszuüben, um Einfluss zu gewinnen. Wer alles kontrolliert, scheint übermächtig zu sein (denken wir nur an das Angstpotenzial von Zwangsneurotikern oder Stalkern, an Pedanten und Putzteufel, an bedrohliche Chefs), doch wirklich mächtige Menschen müssen grundsätzlich nicht kontrollieren, sie *machen* Dinge einfach. Das können Kontrollfreaks nicht. Eifersüchtige Menschen kennen das Gefühl: Nicht zu wissen, was man aktiv tun kann, ob da »etwas läuft, das man wissen müsste«; nichts unternehmen zu können, um den Lauf der Dinge zu ändern – das bringt die Verzweifelten zu Tabubrüchen wie dem Durchsuchen von Handys, Manteltaschen oder getragener Wäsche. Testanrufe, hochnotpeinliche Verfolgungsjagden zu Fuß, Wachposten vor beleuchteten Fenstern, Fallenstellen, Fangfragen und hinterlistige Scharaden kennzeichnen den Wunsch, Kontrolle auszuüben.

Nicht zuletzt ist da im Zauberkessel noch die gute alte Projektion, die dem inzwischen schon fies-fettig blubbernden Dampfkessel der Eifersucht noch den Klecks Sahne hinzufügt: Projektionen sind Gefühle, die wir selbst nicht haben wollen und dann dem Partner sozusagen »ans Bein binden«. Zum Beispiel kann es durchaus zutreffen, dass der Eifersüchtige selbst unbewusste Wünsche nach einer Außenbeziehung hegt, sich diese aber unter keinen Umständen eingestehen kann und deswegen dem anderen, quasi stellvertretend, unterstellt, er sei »jedem Rock hinterher » oder hätte »dem Herrn Schniepenbrink schöne Augen gemacht, und das den ganzen Abend!«.

ANDREAS HAIN

Rasende Eifersucht

Eifersucht – dieses kleine, tobende Monster, das uns von innen auffrisst. Schon lange wollen Forscher die Ursachen dafür herausfinden. Und leiden Frauen wirklich mehr als Männer unter Eifersucht?

2003 San Diego in Kalifornien

Bisher gilt unter vielen Wissenschaftlern: Männer und Frauen sind unterschiedlich eifersüchtig. Männer sind sexuell eifersüchtig. Das heißt: Sie befürchten, durch eine untreue Partnerin Kinder großzuziehen, die gar nicht ihre eigenen sind.

»Papa?!«

Frauen hingehen sind emotional eifersüchtig. Das wiederum heißt: Sie befürchten, dass sich ihr untreuer Partner nicht mehr voll und ganz um sie und die Kinder kümmern könnte.

»Ich bleib heute länger im Büro!«
Doch die Untersuchungen 2003 in San Diego zeigen, dass das so einfach nicht ist. Frauen und Männer sind eher gleichermaßen eifersüchtig: Beide haben sowohl Angst vor sexuellem Betrug als auch vor dem Verlust von Zuneigung.

2007 in Groningen in den Niederlanden
Hier finden Forscher in Langzeittests Beachtliches heraus: Je größer Männer sind, desto entspannter reagieren sie auf mögliche Konkurrenten.

»Haha, der da unten … keine Konkurrenz für mich.«

Frauen von mittlerer Körpergröße sind am seltensten eifersüchtig. Besonders große oder besonders kleine dagegen häufiger. Das hat einen Grund: In der Evolutionsgeschichte sind Frauen von mittlerer Größe besonders fruchtbar und gesund. Und: Männer wirken umso attraktiver, je größer sie sind, weil das als Zeichen von Dominanz und Fähigkeit zur Fortpflanzung gedeutet wird.

2009 in New York
Eine große Studie mit jungen Leuten, die in einer Beziehung leben, ergibt: Je mehr sie im Internet auf Seiten wie Facebook unterwegs sind, desto eher werden sie eifersüchtig. Das wiederum führt dazu, dass sie immer noch mehr im Internet die Kontakte ihrer Freundin oder des Freundes genauer unter die Lupe nehmen.

»Was? So ein Surfertyp kennt meine Freundin?«

Eine Spirale der Eifersucht setzt sich in Gang! Forscher finden heraus: Es macht regelrecht süchtig. Diese Eifersucht und das Misstrauen wirken sich dann sogar auf die echte Beziehung aus. Und zwar gar nicht gut.

5. Kapitel

Vom Leben zu zweit und dem, was folgt

TANIA KONNERTH

Zusammenwachsen

Etwas ganz Schönes an der Liebe:
dass man mit der Zeit zusammenwächst.
Wie zwei Baumstämme,
die dicht beieinander stehen,
können auch zwei Menschen
ineinander wachsen.
Immer öfter denkt man an das Gleiche –
ja, man muss manchmal
gar nichts mehr sagen,
weil man weiß,
was gerade im anderen vorgeht.
Vielleicht ist das sogar das Schönste
an der Liebe:
das Verschmelzen
mit einem anderen Menschen.

ANDREAS HAIN

Warum heiraten wir?

Wer kam eigentlich auf die Idee, dass Menschen heiraten? War das schon immer so?

Vor ein bis zwei Millionen Jahren in der Steinzeit
Männer jagen. Männer schwingen die Keule. Männer verlassen die Höhle, um Nahrung zu beschaffen. Und sie paaren sich. Evolutionsforscher sind sich sicher, dass es zu dieser Zeit freie, wilde Partnerwahl gab – ganz ohne Bindung. Erst nach und nach entwickelt sich so etwas wie eine Gruppenehe oder Vielehe. Der frühe Mann bindet also viele Frauen.

Im frühen Mittelalter
Hiwa – so sagen die alten Germanen zu dem, was wir Heirat nennen. Es bedeutet: Hausgemeinschaft. Der Bräutigam muss der Sippe,

aus der die Auserwählte kommt, viel Geld zahlen. Das können sich nur Männer aus der Oberschicht leisten. Mitspracherecht bei der Partnerwahl hat die Frau nicht – der Sippenrat entscheidet. Ab jetzt steht sie in der Schutzgewalt des Mannes. So sieht es auch die Trauung vor. Der Mann schlingt den Mantel um sie, nimmt sie in sein Haus und kommt im Bett den sogenannten ehelichen Pflichten nach – vor Zeugen. Als Dank für ihre Hingabe erhält sie am Morgen danach die Morgengabe – ein wertvolles Geschenk.

1225 in Rom

Ab jetzt mischt sich die Kirche mit ins Heiraten ein. Es wird zur Pflicht, den Segen eines Priesters bei der Eheschließung einzuholen. Dabei wird das berühmte Ja-Wort vor dem Altar erfunden – außerdem müssen zwei Trauzeugen anwesend sein. Die Kirche greift hart durch und verbietet alle anderen Arten der Eheschließung. In Deutschland mischt sich 600 Jahre später der Staat ein, und seit 1848 steht fest: Kein Geistlicher darf eine rechtswirksame Ehe schließen, bevor sie nicht ein staatlicher Standesbeamter bekundet hat. Das gilt bis heute.

STEPHAN SEPP

Über die Straßen

Alle Welt liebt mein Risotto. Nur Christine mochte es nicht. Seit einer ganzen Weile schon betrachtete sie misstrauisch ihre Portion. Bis sie sich endlich überwand, ein paar Reiskörner mit ihrer Gabel aufzunehmen, dazu ein winziges Stück Tomate. Sie aß mit einem Gesichtsausdruck, als würde man sie dazu zwingen, mit vorgehaltener Pistole. Dann stocherte sie mit unverhohlener Lustlosigkeit auf ihrem Teller herum. Bis ich meinen Essvorgang unterbrach. Und sie anschaute. Darauf schien sie nur gewartet zu haben.

Der Reis sei viel zu hart, nörgelte sie. »Und das Gemüse. Zucchini, oder was das sein soll? Fast roh. Und, mein Gott, was ist das denn, Kapern?«

Danach hatte ich keine Lust mehr, für sie zu kochen, mit der Ausnahme eines hauchdünn geschnittenen Kalbfleischs, das ich besorgt hatte. Das ich selbst zuzubereiten wagte, als Geschnetzeltes nach Jägerart, mit Pfifferlingen und Weißweinsauce. Zu meiner Überraschung fand das Gericht Christines Anerkennung. Ihr Lob klang allerdings derart herablassend, dass ich fortan die Küche mied, außer, um mir Tee zu machen oder Butter aus dem Kühlschrank zu holen.

Was Christine wohl recht war. Sie duldete mich ohnehin nicht gern in der Küche, es sei denn, ich verharrte auf meinem Stuhl am Tisch. Wo ich sie beobachtete und mich gelegentlich fragte, ob sie wirklich mit so viel Leidenschaft kochte, wie es den Anschein hatte. Ich neckte sie sogar der schamanenhaften Betulichkeit wegen, mit der sie den simplen Bratvorgang eines Rumpsteaks zu einer aufwendigen Operation aufbauschte, während der sie das Fleisch immer wieder aus der Pfanne nahm, bis es vollkommen kalt geworden war, genauso wie ihre Suppen. Von denen ich einige kaum genießbar fand, weil sie sie zu lange gekocht und mit Zutaten und Gewürzen überfrachtet hatte.

Schließlich erregte ich ihren Zorn, als ich ihr sagte, ich hielte Kochen für eine Kunst des Maßhaltens und der Zurückhaltung. Ich war erstaunt, wie empfindlich sie reagierte. Wie wenig sie sich offenbar aus den Dingen machte, die sie wirklich konnte. Aus den Fremdsprachen (Englisch, Französisch, Spanisch, Italienisch) zum Beispiel, die sie nahezu perfekt beherrschte. Ihr komplettes Selbstvertrauen schien sich aus den dampfenden Töpfen ihrer Küche zu speisen, als gäbe es sonst keine andere Berechtigung ihres Daseins.

In ihrer Jugend, hatte Christine erzählt, habe die Küche sie kaum interessiert. Kochen sei damals nicht wie heute ein genussvoller Akt der Selbstverwirklichung gewesen, sondern eine freudlose Geste der weiblichen Unterwerfung, die sie nicht zuletzt auch deshalb boykottierte, weil sie konventionelles Essen in diesen Zeiten wie eine lebenserhaltende Zumutung empfand. Bis in die Mitte der siebziger Jahre habe sie sich fast nur von Kartoffeln und Quark ernährt.

Eigentlich sogar, bis die Sache mit Scottie passiert sei. Achtundsiebzig müsse das gewesen sein, weil siebenundsiebzig hätten sie und Jens geheiratet, der im selben Jahr sein Kapitänspatent gemacht habe. Und dann habe sie ihn begleitet, gleich bei seiner ersten Fahrt.

Sie sei damals noch in Jens vernarrt gewesen, genauso wie in die Seefahrt, in der sie eine vielleicht nicht mehr zeitgemäße, aber umso männlichere Art gesehen habe, dem Spießer-Dasein zu entkommen. In Jens habe sie gesucht, was er rückblickend wohl nie gewesen sei, ein Rebell, ein Aussteiger, ein Ozean-Rocker, ein Pirat. Und sie wollte seine Gefährtin sein. Seine Komplizin. Seine Piratenbraut. Ihre Liebe sollte keine normale Ehe sein. Kein ruhender Zustand. Sie sollte ein fortwährendes, durch den Fluss des Reisens lebendig gehaltenes Abenteuer sein.

Und Scottie? Christine sagte, sie erschaudere immer noch, wenn sie an den hasserfüllten Blick denke, mit dem er in die Messe schaute, als hätte er dadurch verhindern können, dass sich die Männer gegen ihn verschworen. Sie hätten sogar erörtert, ob er wirklich nur ein schlechter Koch sei oder sogar ein übler Mensch. Ein Sadist. Scotties Spiegeleier hatten die Konsistenz von Panzerketten. Und seine Aufläufe schmeckten nach billigem Öl und fauligen Kartoffeln.

Als sie Scottie vom Schiff gejagt hatten und Christine baten, seinen Posten zu übernehmen, akzeptierte sie, ohne auch nur einen Moment zu zögern. Schlimmer als Scottie konnte sie's kaum machen. Und es gab nichts, was sie sich mehr wünschte, als ein Teil der Mannschaft zu sein.

In den letzten Tagen saß ich häufig in der Küche und starrte durch das Fenster ins Freie, wo die so lange unter Schneemassen verborgenen Konturen des Gartens durch das Tauwetter wieder sichtbar wurden. Ich erinnerte mich an den Nachmittag vor gut zwei Jahren, an dem ich Christine zum ersten Mal besucht hatte. Ich begegnete einem alt gewordenen Blumenmädchen, das mit so viel Liebe über jede Pflanze in ihrem Garten reden konnte, als hätte sie sie in ihrem Leib getragen. Was wusste ich damals schon über ihr wahres Wesen? Über die Verwegenheit ihres Naturells?

Und jetzt, nachdem wir zusammen waren, hatten die eisigen Monate kaum zutage bringen können, dass ich Tisch und Stuhl mit einer Frau geteilt hatte, die, wie sich herausstellen würde, zu den letzten wahren Biker-Bräuten gehörte. Von denen ich dachte, sie seien längst ausgestorben. Mit denen, die sie hervorgebracht hatten. Mit dem ganzen Panoptikum der Wilden, das die Nachkriegsmoderne auf dem Asphalt ins Rollen gebracht hatte. Mit all den Straßen-Cowboys der Sechziger und Siebziger, den Außenseitern, Halbstarken, Gesetzlosen, Aussteigern, Hippies.

Christine hatte immer von meinem Motorrad gewusst. Sie hatte mich sogar damit angetroffen, als wir noch gemeinsam für die Zeitschrift arbeiteten, in der Tiefgarage, gleich nachdem ich es von München nach Hamburg hatte überführen lassen. Es schien sie nicht weiter zu interessieren. Was mich wiederum nicht störte. Zumal ich kein typischer Biker bin. Manche würden sagen: kein *echter* Biker. Ich habe keinen Sinn für die Szene. Für die ihr eigene Angeberei. Für dieses kindische Männlichkeitsgehabe. Für dieses Vintage-Gedöns. Und diesen Outlaw-Scheiß. Motoren, so laut wie Flugzeug-Triebwerke. Auspuffrohre wie eine komplette Blechbläser-Kapelle. Harley-Kult-Wear und was sonst noch alles dazugehört, zu einem gekauften Lebensgefühl, das ich nie haben wollte. Ich will einfach nur frei sein. Frei in einem vollkommen lapidaren Sinn. Frei beweglich in einem dem Kollaps erliegenden Verkehr in der Großstadt. Auto-befreit.

Der Motor war sofort da, er lief cool und souverän und zeigte keine Spur von Übernächtigkeit nach all den Monaten, die er geruht hatte. Ich hatte Christine gesagt, es könne eine Weile dauern, bis ich komme. Es war der erste Tag im März, an dem das Thermometer die Zehn-Grad-Marke überstieg, und ich tat, was ich jedes Jahr um diese Zeit tat: Ich machte mein Motorrad flott.

Ich ließ den Motor warm laufen, arretierte

die beiden Transportkisten unter der Rückbank. Dann überlegte ich, ob ich den zweiten Helm mitnehmen sollte, trotz all der Erfahrungen, die ich mit Frauen gemacht hatte, die mir ihr Interesse mitzufahren signalisiert hatten. Am Ende hatten die meisten doch gekniffen.

Christine erwartete mich wie ein aufgeregtes Kind auf der Straße, was sie sonst nie tat. Sie schlich um mich herum, noch während ich im Sattel saß, begutachtete die Maschine mit Neugier und Interesse für jedes Detail. Dann bat sie mich um den Helm. Sagte: »Nur 'ne kleine Runde, bis nach Aldi und wieder zurück.«

Rückblickend war es ein Moment, auf den Christine sehr lange gewartet hatte. Vielleicht ein Leben lang. Mir fiel auf, wie sie sich, auf der Rückbank sitzend, an mir festhielt. Eine Umklammerung ohne die geringste Spur von Angst. Eine Umarmung. Der Ausdruck purer Glückseligkeit. Und dann ihre leisen Seufzer, die das angenehme Vibrieren der Maschine im Leerlauf begleiteten. Die sich steigerten zu heiseren Schreien, als ich anfuhr und wir die Schnellstraße erreichten und ich das Motorrad mit sanfter Beschleunigung in die Bahn katapultierte.

Es war der Beginn einer Sucht, die sich ausweitete, während wir immer häufiger immer ausgedehntere Touren durch die Stadt unternahmen. Wir nutzten jeden Anlass. Dann suchten wir nach Anlässen. Schließlich erfanden wir Anlässe.

Weil Christine sich besser als ich in der Stadt auskannte, verlor ich allmählich meine Rolle als Kapitän. Ließ mich degradieren zum Maschinisten. Zum Steuermann, der sich an Christines Zeigefinger gewöhnte, die plötzlich während der Fahrt in meinem Gesichtsfeld auftauchten und mir die Richtung wiesen. Gleichzeitig erfuhr ich die wundersame Verwandlung meiner Person in eine romantische Figur. Eine Art Pirat. Freibeuter der Straßen. In Christines Augen.

Ich versuchte dennoch auf dem Teppich zu bleiben. Was mir gelang, solange ich nicht den eitlen Pfauen der Boulevards begegnete und ihren blank polierten Nostalgie-Gefährten, auf denen sie glaubten, der Gegenwart zu entkommen. Dann empfand ich kindliche Häme. Ich sagte mir: Ihr mögt haben, was ich nicht besitze, die Original-Requisiten, die Original-Kostüme. Aber ich habe das ultimative Original. Ich habe das Mädchen.

Auch wenn Christine auf den ersten Blick nicht mehr viel gemeinsam hatte mit der Widerspenstigen der Vergangenheit. Auch wenn sie mittlerweile nicht mehr in die Badewannen fremder Leute reiherte. Auch wenn sie heute die *Brigitte* las. Auch wenn sie den Jil-Sander-Look bevorzugte. Es passte dennoch, Christine und das Motorrad harmonierten, als würde es zwischen ihr und der Maschine eine tiefe Verbundenheit aus längst vergangenen Zeiten geben. Als wäre die Maschine ein Vehikel, das einen verborgenen Teil von ihrem Selbst zum Vorschein brachte.

Ich sah die Dinge etwas klarer, seit ich die großartigen Memoiren von Marianne Faithfull gelesen hatte, die so persönlich und dennoch völlig uneitel und über die Autorin selbst hinaus geschrieben waren, dass sie zur Gebrauchsanweisung einer ganzen Frauengeneration taugten. Ich kannte sie gut, diese Generation. Ich hatte erlebt, wie sich Teile dieser Generation Anfang der Achtziger radikalisierten und zu den verbitterten Furien wurden, derentwegen ich schließlich die ganze Generation zu verabscheuen begann. Als die Stimmen der mir liebenswürdigen Frauen unterzugehen drohten im hysterischen Geschrei vernagelter Gender-Aktivistinnen. *Ich sprüh's auf jede Wand, neue Männer braucht das Land.*

Dabei hatten die meisten dieser Frauen anfangs gegen die Rollen rebelliert, die die Männer ihnen zuwiesen, weniger gegen die Männer selbst. Einige von ihnen hatten, wie Marianne Faithfull, als Groupies Eingang in die Geschichte gefunden, kaum zu vergleichen allerdings mit den Groupies unserer Zeit. Sie waren mehr Yoko Ono als Jenny Elvers. Obwohl auch sie nach der Aufmerksamkeit im Glanz der Männer gestrebt haben mögen, aber viel mehr wollten sie den Männern nahe sein, sexuell, ja, auch, aber vor allem spirituell. Sie wollten mit ihnen verschmelzen, letztendlich, weil sie Einfluss nehmen wollten auf das, was die Männer dachten und taten. Den Aspekt der Emanzipation betreffend, könnte man sagen: Vor dem Krieg gegen die Männer erfolgte der Putschversuch mittels liebender Unterwanderung.

Christine entdeckte sich also wieder als das Mädchen ihrer Vergangenheit. Als anhängliches Wesen, vielleicht deshalb, weil ich jünger war und ihr unschuldiger erschien als die Männer ihrer Generation. Sie bestieg das Motorrad, von dem wir beide wussten, dass es immer noch der beste Ort war für die symbolische Verschmelzung der Geschlechter. Je öfter sie das tat, desto glücklicher machte sie mich. Mit diesem altmodischen, aber schönen Beweis ihrer bedingungslosen Treue, denn, sind wir ehrlich, Motorräder sind Geschöpfe der Hölle. Und jede Fahrt, die man gemeinsam mit ihnen unternimmt, ist ein romantischer Akt der Courage. Wie eine Beteuerung der Liebe bis in den Tod.

JOHANN WOLFGANG VON GOETHE

Zukunftsplanung

Was hat ein Mädchen zu wünschen? Jugendliche Freuden zu haben? Die erlaub' ich dir. Ihre kleine Eitelkeit zu befriedigen? Ich lasse dir's an nichts fehlen. Zu gefallen? Mich deuchte, du gefielst. Freier zu haben? Daran fehlt dir's nicht. Einen gefälligen rechtschaffnen wohlhabenden Mann zu bekommen? Du darfst nur wählen! Und hernach ist es deine Sache, eine brave Frau zu sein, Kinder zu kriegen, zu erziehen, und deiner Haushaltung vorzustehen; und das gibt sich, dünkt mich, alles von selbst.

TONJA PÖLITZ

Deutsche made in Austria

BLAU, BLAUER … SCHWANGER? Um Gottes willen! Hastig griff ich zur Bedienungsanleitung. Wie immer erst hinterher! In Österreich wurde ich noch zur Beipackzettelfetischistin. Wo stand da etwas von … wie viele Striche noch mal? An Lesen war allerdings nicht zu denken. Das Kleingedruckte verschwamm vor meinen Augen, mein Herz raste, und zwar hin und her, zwischen »Bitte nicht!« und »Bitte doch!«, zwischen »O nein« und »O schön!«, »Nicht jetzt!« und »Wann dann?«. Die kleine Linie kämpfte sich durch den weißen Untergrund. Dunkler als Blau … Wieso war ich schwanger?

Es ist nicht so, dass ich damals das mit den Bienen, den Blumen und dem Klapperstorch irgendwie versäumt hätte, aber man hatte mir bislang bedenkenschwer mitgeteilt, dass ein eigener Ableger nur durch erhebliche medizinische Nachhilfe mit dem ungefähren Ausmaß einer Mondmission überredet werden könnte, mich als Mutter auszuwählen.

Aber da waren jetzt zwei blaue Dings, Striche. Kein Zweifel: schwanger! Na, wenigstens nicht todsterbenskrank, was ich angesichts der Dauererschöpfung ernsthaft für möglich gehalten hatte. Seit zwei Wochen war mir, als hätte mir jemand den Stecker gezogen. Schon die eine Stiege rauf zu meiner Wohnung kam der Besteigung des K2 nahe.

Immer noch blaue Streifen. Natürlich war es nicht schlimm, dass der Vater Österreicher war. Aber, Herrjemine, ich kannte ihn doch noch keine drei Monate.

Tom, mein Vater mit den drei Kindern. »Nummer vier ist da wohl doch kein allzu großes Wunder!«, lächelte ich den Schwangerschaftstest an. Tränen rollten mir übers Gesicht: »Mondmission accomplished! Na, bravo!«, sagte ich zu mir selbst. Tom war ein Familienmensch, mit unglaublichem Feingefühl und größtmöglicher Fürsorge. Er wollte noch ein Kind, hatte er gesagt. »Aber vielleicht nicht gleich, nachdem er den Satz zu Ende gesprochen hatte!«, ermahnte ich mich mit dem Test in der Hand. Wie sollte das mit uns funktionieren? Tom, mein Urwiener mit den Kärntner Genen, der Wien noch nie in seinem Leben verlassen hatte, außer wenn es sein musste, im Urlaub also. Für ihn endete die Welt hinterm Wienerwald. Er konnte sich nicht vorstellen, irgendwo anders als hier sein Leben zu verbringen. Warum auch? Was aber, wenn ich Wien wieder verlassen musste? Das Angebot vom Sender war begrenzt. Irgendwann würde ich sonst wohin geschickt oder zurück nach Deutschland. O Gott, und schwanger womöglich sofort!

Ich starrte die beiden blauen Linien an. Was sollte ich tun? Tom anrufen? So ein Schock war nicht gerade telefontauglich. Er war gerade in der Firma – schwieriger Umbau der kompletten IT. Schon Tage vorher war er sehr im Stress gewesen. Bestimmt unpassend für so einen Moment. Gestern hatte er mir außerdem noch vorgerechnet, dass er in drei Jahren, vier Monaten und zwei Wochen, dann, wenn sein Jüngster achtzehn Jahre alt würde, frei wäre. Dass er dann den Unterhalt direkt an seine Kinder und nicht länger an die Ex zahlen müsse, die sich davon ja doch nur vier Urlaube im Jahr gönne, wovon Tom überzeugt war.

Der Schwangerschaftstest machte diese Aussicht zwar nicht gerade zunichte, aber er stellte uns gerade, sagen wir mal, vor erheblich größere Anforderungen als eine deutschösterreichische Freundschaft. Ich ging zum Fenster und griff zum Handy. In solchen Momenten rief ich immer erst einmal meine Mutter an.

»Hi, Mutsch!«

»Ach! Das Kind!«, meine Eltern würden mich auch mit achtzig noch »Kind« nennen.

»Ja, ich bin's! Das Kind! Sitzt du?«

»Nein, wieso sollte ich …?« Bei der Frage plumpste ich auf den nächsten Sessel, schnaufend, als hätte ich gerade einen Marathon absolviert. Das Waschmaschinen-

Gefühl im Bauch, der Cocktail aus den Zutaten Schwangerschaftsübelkeit mit einem ordentlichen Schuss Adrenalin zeigte Wirkung. Ich starrte raus in den Blätterwald im Margaretenhof. Grün soll doch beruhigen, heißt es.

»Ich bin schwanger! Ich habe gerade einen Test gemacht.«

Meine Mutter legte jetzt so viel Desinteresse in ihr »Ja, und?«, als wäre der Informationsgehalt dieser Nachricht für sie ungefähr so bahnbrechend wie die Entschlüsselung der DNA bei serbischen Eintagsfliegen.

»Ich bin schwanger, und es ist ein Österreicher!«, versuchte ich die Steigerung. Irgendwas davon musste doch bei ihr Entsetzen auslösen.

»Na und! Du wolltest doch immer Kinder.« Das schien für meinen Vater das Stichwort, um neugierig die Ohren zu spitzen. Sicher saß er gerade mit ihr im Wohnzimmer, denn sie rief jetzt in seine Richtung, am Hörer vorbei: »Du wirst Großvater! Es wird aber ein Österreicher!« Sie klang dabei so gelassen, dass ich nicht sagen konnte, ob sie mit

»Österreicher« nun das Kind oder den Vater dazu meinte.

»Aber ich kenne ihn erst seit zwei Monaten. Und er hat schon drei Kinder!«, hyperventilierte ich, halb vor Freude, halb in Panik. »Und was, wenn ich zurück muss nach Deutschland und nicht in Wien bleiben kann?« In mir überschlugen sich die Gedanken, was die Waschmaschinentrommel in meinem Bauch nur noch mehr motivierte.

»Das sehen wir dann, Kind!« Mein Vater drängelte jetzt sein Ohr ans Telefon. »Also, mehr kann man als Korrespondentin für die Völkerverständigung zwischen Österreich und Deutschland ja nun wirklich nicht tun, was … hihi! Jetzt gibt's also einen kleinen Deutschen made in Austria, hihi …«, witzelte mein Vater, nahm dann meiner Mutter den Hörer aus der Hand und wechselte in die Vater-spricht-mit-Tochter-Stimme. Irgendwas mit »Kind kriegen« und »Probleme lösen, wenn sie auftauchen«. Meine Mutter fügte noch fürsorglich hinzu: »Und reg dich nicht so auf, das ist nicht gut fürs Kind, Kind!«, während mein Vater im Wohnzimmer bereits fröhlich die Operette »Wiener Brut, Wiener Brut …« anstimmte.

Als Nächstes musste nur noch Tom die Neuigkeit erfahren.

Ich musste gleich zu einem Dreh, aber brauchte jetzt dringend Entspannung: am besten einen diskreten Zuhörer. Freunde fielen da aus, sie konnten es ja unmöglich vor Tom erfahren.

Katharina! Friseurin und damit die bessere Therapeutin. So ein Friseurbesuch bei ihr war geradezu medizinisch indiziert. Und in ihrem Wohnzimmer-Salon bot Katharina dazu diskret Einzelgespräche.

Denn wenn man Katharinas Salon betrat, dann betrat man nicht irgendeinen Friseurladen, in dem jemand hektisch in der einen Ecke nach Lockenwicklern und dem Azubi schrie, in der anderen drei Föhne um die Wette fiepten und es streng nach Blondierungscreme roch. Katharinas Salon war eine Oase. Wenn man die Tür mit leisem »Dingdong« öffnete, stieg einem erst der zarte Duft von Vanille oder Sandelholz und dann gleich der von frischem Kaffee in die Nase. Meist hatte sie französische Chansons aufgelegt, zu denen man sie aus ihrem Kämmerlein fröhlich mitträllern hörte.

In den alten Kristallspiegeln, die sie wie die gesamte Inneneinrichtung im Fünfzigerjahre-Look vom Flohmarkt und vom Trödler in Wien zusammengelesen hatte, spiegelte sich das warme Rot der fein gemusterten Tapeten und das Bordeaux der schweren Samtvorhänge. Auf einem Servierwagen neben dem Frisierplatz waren ein paar frische Zweige mit großen, knallbunten Blumen drapiert, und überall hingen Ölbilder, natürlich selbst gemalt. Dann erst – vom »Dingdong« ihrer Tür an die nächste Kundin erinnert: Auftritt Katharina!

»Meine Liebe, wie schön! Hallo!« Wenn sie ihr Bussi links und Bussi rechts verteilt hatte, schwebte man beseelt von dieser Stimmung auf den Stuhl und musste sich erst daran erinnern lassen, dass man nur zum profanen Haaretrimmen hergekommen war. Denn keine zelebrierte das so wie Katharina. Sie war seit fünfzehn Jahren in der Stadt, kam aus Bielefeld und lernte ihren ersten Mann, ganz wie es sich für Wien gehörte, an einem Würstelstand kennen. Aus der Liebe zum Wiener wurde nichts, aus Liebe zur Stadt blieb Katharina in Wien, und jeder, der ihren Laden betrat und zu ihren Kunden zählte, war dankbar dafür.

»Meine Liebe, waren wir verabredet? Ich wollte gerade schließen!«, sagte Katharina. »Das kannst du auch, kein Termin, ich muss eh gleich zum Dreh, aber vorher muss ich dringend mit jemand reden!«, sagte ich und ließ mich erleichtert zur ausgiebigen Beichte auf Katharinas Stuhl fallen. »Ich bin schwanger!«

»Servus ...!« In dem Moment kam Sofie frisch frisiert von der Toilette. Das war auch schon egal, ich platzte förmlich vor Aufregung.

»Wo hast du den Schwangerschaftstest?«, fragte Sofie, nachdem sie die überraschende Schlagzeile erfreut aufgenommen hatten.

»Na wo wohl, im Mistkübel!«, sagte ich entgeistert und fühlte mich gleich furchtbar unromantisch. »Muss man den denn aufheben?«

»Klar, um ihn zu verkaufen!«, sagte Sofie.

»Wer kauft denn bitte einen gebrauchten Schwangerschaftstest?« Katharina und ich standen auf dem Schlauch. Für Sofie aber lagen die Gründe für den bizarren Handel auf der Hand: »Wer den Partner, die Eltern oder sonst jemand hereinlegen will!« Wie Sofie erzählte, waren zwischen Chicago und New York gebrauchte Schwangerschaftstests, positive wohlgemerkt, die Renner!

»Damit verbreiten inzwischen viele zu Hause jede Menge Schrecken. Oder als Druckmittel, um IHN endlich zum Heiratsantrag zu bewegen. Manche erpressen auch Geld für eine Abtreibung, um dann in den Urlaub zu fahren! Aber das ist nun wirklich Betrug!« Auch hierzulande auf Ebay wären sie zu haben: »›Schönes Geschenk zu Ostern oder unterm Weihnachtsbaum‹ stand da!«

»Wie krank ist das denn?«, fragten Katharina und ich wie aus einem Munde. »Unsere Gesellschaft ist so krank!«, erwiderte Sofie. »Wir sind bindungsunfähig, die Scheidungsraten steigen, die Geburtenzahlen gehen zurück.« Sofie träumte schon von einem großen Kunstprojekt: »Nach der ›Wir haben abgetrieben!‹-Fotokampagne in den Siebzigern müsste es heute auf den Fotos heißen: ›Wir haben vorgetäuscht!‹«, fand Sofie.

ANNIKA JOERES

Der unperfekte Vater

»Der ideale Mann kann seine Gefühle zeigen und unterstützt mich in meinen Interessen.«
Umfrage unter französischen Single-Frauen

Als Fred zwei Monate alt war, traf ich drei meiner späteren guten Freundinnen in einem Kurs für Baby-Massage. Nach der öligen Streicheleinheit, bei der die Babys wenig massiert, aber viel gestillt wurden, gingen wir noch in ein Café. Unsere wenige Monate alten Babys schliefen wie so häufig am Anfang tief und fest im Tragerucksack. Wir hatten genug Zeit, uns unser Leben zu erzählen. Schließlich gelangten wir bei unseren Partnern an.

»Ich habe Félix in einem Fitnessstudio in Paris kennengelernt«, erzählte Julie. Sie löffelte gerade einen großen Becher Vanilleeis mit Baiser und Schokosoße – das ständige Stillen machte uns hungrig. »Er gab einen Unterwasser-Fahrradkurs, und ich fand ihn sofort anziehend. Am Abend war in dem Club die jährliche Feier angesagt, da habe ich ihn angesprochen. Tja, und zwei Jahre später haben wir schon geheiratet.« Als Julie mit 28 Jahren schwanger wurde, arbeitete sie gerade als Finanzanalystin in Monaco. Oftmals brütete sie noch bis spät in die Nacht über Zahlen, um die Rentabilität von Ölplattformen in aller Welt zu berechnen. Jeden Morgen joggte sie zusammen mit Félix zehn Kilometer am Strand entlang, das war ihre Paarzeit und ihr gemeinsames Hobby. »Meine Arbeit kann ich doch ohnehin nicht mit ihm teilen. Sein Job gefällt mir, ich gehe ja selbst ins Fitnessstudio«, sagt Julie. Für sie war sein Job interessant, seine Gehaltsstufe oder auch sein Status in ihrer akademischen Arbeitswelt waren offenbar unwichtig.

Als nächstes packte Mathilde aus. Sie verputzte gerade einen Brownie, von ihrem

Sohn Tom guckte nur ein Haarbüschel aus dem Schal heraus. »Ich habe Greg bei einem Abendessen mit Freunden kennengelernt – aber da waren wir beide noch in einer anderen Partnerschaft. Trotzdem fand ich ihn sehr attraktiv. Erst zwei Jahre später haben wir uns noch einmal gesehen, da waren wir beide dann Single und haben uns verabredet.« »Was macht Greg denn so?«, fragte ich. »Ach, er ist wirklich ein ganz gradliniger Typ, und er hält meinen Perfektionismus zuhause aus«, schwärmte Mathilde. »Weißt du, ich kann keinen Krümel herumliegen sehen, das kann anstrengend für den Partner sein.« Offenbar verstand sie meine Frage nach dem Beruf gar nicht. Sie musste eine typisch deutsche Bohrerei sein. »Er ist Korse, das sagt doch alles«, lachte Mathilde. Korsen haben in Frankreich den Ruf, ein wenig kauzig und eigenbrötlerisch, aber im Grunde sehr sympathische Personen zu sein. Erst später im Gespräch erwähnte Mathilde, dass Greg Autos verkauft. »Er hatte schon immer eine Schwäche für Motoren.«

War dies ein Zufall? Sind Mathilde und Julie die Ausnahme und haben die meisten Französinnen Männer mit dickerem Einkommen und höherem Status, wie ich es von deutschen Freundinnen gewöhnt war? Jedenfalls war ich offenbar die Einzige in der Runde, die über die Paarkombinationen überrascht war. Ich musste so geprägt worden sein, perfekte Väter mit mindestens gleich vergüteten Jobs zu assoziieren.

Ich hoffte, dies sei eine persönliche Unart von mir und rief für meine Recherche bei einem großen deutschen Konzern für Online-Dating an. Schließlich suchen die meisten Singles in Europa im Internet ihre Partner, die Kuppel-Seiten müssen also wissen, was Deutsche erwarten. Die vermeintliche Anonymität im Web hat einen entscheidenden Vorteil: Alleine vor dem Computer fällt es leichter, geheime Anforderungen an den Partner anzuklicken, als sie jemandem ins Gesicht zu sagen. Das haben Soziologen schon lange verstanden und schauen deshalb für ihre Studien zur Partnerwahl in die einschlägigen Statistiken der Anbieter.

Die Stimme der Pressesprecherin ist sanft. Sie kennt die geheimen Wünsche ihrer Zehntausenden Mitglieder. »Beim Bildungsniveau sind die deutschen Singles sehr anspruchsvoll«, sagt sie. »Für sie ist es am Wichtigsten, dass der Mann / die Frau mindestens einen gleichen Bildungsabschluss hat. Eine Frau mit Magister möchte keinen Meister heiraten und ein Mann mit Diplom keine Auszubildende.« Ihre Zahlen aus einer Studie sind eindeutig: 75 Prozent erwarten ein mindestens ebenbürtiges Niveau ihres Partners – in Frankreich sind es weniger als 30 Prozent. »Aber nicht nur das«, sagt sie. Die Deutschen hätten in allem die genauesten Vorstellungen: Der Partner soll dasselbe Essen lieben, dieselbe Musik hören, ähnliche Bücher lesen, dieselbe Partei wählen.

Wenn Mr. oder Mrs. Perfect dann um die Ecke kommt, geht alles wiederum langsamer: Die

Deutschen suchen durchschnittlich knapp zwei Stunden im Netz nach Informationen und Fotos über den Auserwählten. Ist der Mann, die Frau dann auf Bildern mit einer Bierflasche, mit der oder dem Ex oder »pseudokünstlerisch« in einer nervigen Pose zu sehen, schreckt das sofort ab, das Treffen wird kurzerhand abgesagt. Und selbst wenn der erste Abend optimal läuft, die Stimmung gut ist, sich beide viel zu sagen haben, bleiben Deutsche zurückhaltender: Beim ersten Date küssen sie sich viel seltener als Franzosen und Französinnen, auch Händchen halten oder Umarmungen werden auf später verschoben.

Diese Anlaufhürden hatten Hans und ich nicht – wir kannten uns schon seit der Schule und hatten einige Tiefen und viele Höhen erlebt. Aber ich fürchte, ich wäre auf der Männersuche genauso elitär wie meine Freundinnen, die sich einen perfekten Partner wünschen. Perfekt heißt häufig auch, beruflich mindestens gleichrangig zu sein. Wir alle würden bestimmt aus tiefster Überzeugung sagen, es komme »auf die inneren Werte an« – aber meistens würden wir die inneren Werte eines Mannes mit gleichwertigem Status inspizieren und nicht diejenigen eines Arbeitssuchenden. »Also, ohne Abitur kommt für mich ein Mann nicht in Frage«, höre ich häufiger mal. Eine Ausbildung sei ja noch okay, aber dann solle sie doch zu etwas führen, zu einem eigenen Geschäft, einem Meister oder irgendetwas Handfestem. Bei unseren hypothetischen Gesprächen machen wir uns meist noch entschuldigend vor, uns mit einem Handwerker bestimmt weniger zu sagen zu haben oder dass ein Leben mit Kindern ja so teuer sei, da wäre ein ewiger Student oder ein brotloser Kreativer ja auch schwierig.

Meist folgt auf meine Fragen nach den beruflichen Ansprüchen an den Partner auch ein längeres Schweigen. Denn wer möchte schon einräumen, auf den finanziellen und beruflichen Status zu gucken – mehr noch als auf die gemeinsamen Interessen oder wie liebevoll und witzig er oder sie ist. Bei uns herrscht noch ein wahres Klassendenken. »Ich hätte nicht mit einem, sagen wir mal, Bäckermeister, Kinder bekommen können«, sagt eine Freundin. »Ich treffe auch kaum Männer, die nicht studiert haben, das ist total getrennt. Wahrscheinlich ist es beides: ein Mangel an Gelegenheit und auch ein Mangel an Interesse.« Die Bildungsschichten scheinen beinahe so getrennt zu sein wie vor hundert Jahren.

Wenn ich Mathilde und Julie sehe, wie glücklich sie mit Greg und Félix sind und wie sehr sie unsere Treffen bereichern, dämmert mir, wie schade dieses höchst bürgerliche Denken für uns Deutsche ist. Wer nur nach oben schaut, sieht weniger potenzielle Partner und Väter. Eine Bekannte von mir ist Ärztin, wie auch Mathilde. Mit Mitte dreißig hatte sie sich auf ihrer Station in einen Krankenpfleger verliebt – aber diese Verbindung war nicht standesgemäß. Die Kollegen hätten getuschelt, die Eltern seien pikiert gewesen und vielleicht habe er es auch nur schwer ertragen, mit einer beruflich qualifizierteren und besserverdienenden Frau zusammen zu sein. Umgekehrt ist dies möglich: Ein Arzt, der mit einer Krankenschwester eine Familie gründet, ist genauso normal wie ein Arzt, der mit einer Ärztin zusammen ist – beides ist okay. Männer können freier wählen.

Französinnen gehen weniger verkopft in die Partnerschaft. Meine französischen Freundinnen sind schon bei der Partnerwahl weniger auf den »perfekten Vater« und noch weniger auf den perfekten Familienernährer fixiert. Ihr Partner sollte »sie amüsieren« fand Charlotte, sie sollten sich »gut unterhalten können.« Für Julie soll der Mann mit ihr joggen, wandern und schwimmen gehen können und ein zärtlicher Vater sein, für Mathilde war es wichtig, dass er sie in ihren beruflichen Ambitionen unterstützt und ein gutes Verhältnis zu ihren Eltern aufbaut, an denen sie sehr hängt. »Meine Eltern wohnen weiter weg und kommen, wenn, dann direkt für eine ganze Woche zu Besuch. Dann ist es besonders wichtig, dass sie es lange gut miteinander aushalten können.« In Umfragen über den »l'homme idéal« geben Französinnen immer wieder an, sie möchten einen Mann, der seine Gefühle zeigen kann, der ihnen aber ebenso einen »jardin secret« zuspricht, also ihren eigenen, geheimen und unabhängigen Teil ihres Lebens respektiert. Mehr als die Hälfte wünscht sich, vom Partner in ihrer Karriere unterstützt zu werden. Ganz wichtig sind auch Überraschungen im Alltag – der Mann soll möglichst »unvorhersehbar« sein.

JOACHIM RINGELNATZ

Ehebrief

Nun zeigt ein Brief, daß ich zu lange
Nicht sonderlich zu dir gewesen bin.
Ich nahm das Gute als Gewohntes hin.
Und ich vergaß, was ich verlange.

Verzeihe mir. – Ich weiß, daß fromme
Gedanken rauh gebettet werden müssen.
Ich danke jetzt. – Wenn ich nach Hause
komme,
Will ich dich so wie vor zehn Jahren küssen.

JOHANN PETER HEBEL

Unverhofftes Wiedersehn

In Falun in Schweden küsste vor guten fünfzig Jahren und mehr ein junger Bergmann seine junge hübsche Braut und sagte zu ihr: »Auf Sankt Luciä wird unsere Liebe von des Priesters Hand gesegnet. Dann sind wir Mann und Weib und bauen uns ein eigenes Nestlein.« – »Und Friede und Liebe soll darin wohnen«, sagte die schöne Braut mit holdem Lächeln, »denn du bist mein Einziges und Alles, und ohne dich möchte ich lieber im Grab sein als an einem andern Ort.« Als sie aber vor St. Luciä der Pfarrer zum zweiten Mal in der Kirche ausgerufen hatte: *»So nun jemand Hindernis wüsste anzuzeigen, warum diese Personen nicht möchten ehelich zusammenkommen«* – da meldete sich der *Tod.* Denn als der Jüngling den andern Morgen in seiner schwarzen Bergmannskleidung an ihrem Haus vorbeiging, der Bergmann hat sein Totenkleid immer an, da klopfte er zwar noch einmal an ihrem Fenster und sagte ihr guten Morgen, aber keinen guten Abend mehr. Er kam nimmer aus dem Bergwerk zurück, und sie saumte vergeblich selbigen Morgen ein schwarzes Halstuch mit rotem Rand für ihn zum Hochzeittag, sondern als er nimmer kam, legte sie es weg und weinte um ihn und vergaß ihn nie. Unterdessen wurde die Stadt Lissabon in Portugal durch ein Erdbeben zerstört, und der Siebenjährige Krieg ging vorüber, und Kaiser Franz der Erste starb, und der Jesuitenorden wurde aufgehoben und Polen geteilt, und die Kaiserin Maria Theresia starb, und der Struensee wurde hingerichtet, Amerika wurde frei, und die vereinigte französische und spanische Macht konnte Gibraltar nicht erobern. Die Türken schlossen den General Stein in der Veteraner Höhle in Ungarn ein, und der Kaiser Joseph starb auch. Der König Gustav von Schweden eroberte russisch Finnland, und die Französische Revolution und der lange Krieg fing an, und der Kaiser Leopold der Zweite ging auch ins Grab. Napoleon eroberte Preußen, und die Engländer bombardierten Kopenhagen, und die Ackerleute säeten und schnitten. Der Müller mahlte, und die Schmiede hämmerten, und die Bergleute gruben nach den Metalladern in ihrer unterirdischen Werkstatt. Als aber die Bergleute in Falun im Jahr 1809 etwas vor oder nach Johannis zwischen zwei Schachten eine Öffnung durchgraben wollten, gute dreihundert Ehlen tief unter dem Boden, gruben sie aus dem Schutt und Vitriolwasser den Leichnam eines Jünglings heraus, der ganz mit Eisenvitriol durchdrungen, sonst aber unverwest und unverändert war; also dass man seine Gesichtszüge und sein Alter noch völlig erkennen konnte, als wenn er erst vor einer Stunde gestorben oder ein wenig eingeschlafen wäre an der Arbeit. Als man ihn aber zu Tag ausgefördert hatte, Vater und Mutter, Gefreundte und Bekannte waren schon lange tot, kein Mensch wollte den schlafenden Jüngling kennen oder etwas von seinem Unglück wissen, bis die ehemalige Verlobte des Bergmanns kam, der eines Tages auf die Schicht gegangen war und nimmer zurückkehrte. Grau und zusammengeschrumpft kam sie an einer Krücke an den Platz und erkannte ihren Bräutigam; und mehr mit freudigem Entzücken als mit Schmerz sank sie auf die geliebte Leiche nieder, und erst als sie sich von einer langen heftigen Bewegung des Gemüts erholt hatte, »es ist mein Verlobter«, sagte sie endlich, »um den ich fünfzig Jahre lang getrauert hatte, und den mich Gott noch einmal sehen lässt vor meinem Ende. Acht Tage vor der Hochzeit ist er unter die Erde gegangen und nimmer heraufgekommen.« Da wurden die Gemüter aller Umstehenden von Wehmut und Tränen ergriffen, als sie sahen die ehemalige Braut jetzt in der Gestalt des hingewelkten, kraftlosen Alters und den Bräutigam noch in seiner jugendlichen Schöne, und wie in ihrer Brust nach 50 Jahren die Flamme der jugendlichen Liebe noch einmal erwachte; aber er öffnete den Mund nimmer zum Lächeln oder die Augen zum Wiedererkennen; und wie sie ihn endlich von den Bergleuten in ihr Stüblein tragen ließ, als die Einzige, die ihm angehöre und ein Recht an ihn habe, bis sein Grab gerüstet sei auf dem Kirchhof. Den andern Tag, als das Grab gerüstet war auf dem Kirchhof und ihn die Bergleute holten, schloss sie ein Kästlein auf, legte sie ihm das schwarzseidene Halstuch mit roten Streifen um und begleitete ihn alsdann in ihrem Sonntagsgewand, als wenn es ihr Hochzeittag und nicht der Tag seiner Beerdigung wäre. Denn als man ihn auf dem Kirchhof ins Grab legte, sagte sie: »Schlafe nun wohl, noch einen Tag oder zehen im kühlen Hochzeitbett, und lass dir die Zeit nicht lange werden. Ich habe nur noch wenig zu tun, und komme bald, und bald wird's wieder Tag. – Was die Erde einmal wiedergegeben hat, wird sie zum zweiten Mal auch nicht behalten«, sagte sie, als sie fortging und noch einmal umschaute.

KURT TUCHOLSKY

Stationen

Erst gehst du umher und suchst an der Frau
das, was man anfassen kann.
Wollknäul, Spielzeug und Kätzchen – Miau –
du bist noch kein richtiger Mann.
Du willst eine lustig bewegte Ruh:
sie soll anders sein, aber sonst wie du …
Dein Herz sagt:
Max und Moritz!

Das verwächst du. Dann langts nicht mit
dem Verstand.
Die Karriere! Es ist Zeit …!
Eine kluge Frau nimmt dich an die Hand
in tyrannischer Mütterlichkeit.
Sie passt auf dich auf. Sie wartet zu Haus.
Du weinst dich an ihren Brüsten aus …
Dein Herz sagt:
Mutter.

Das verwächst du. Nun bist du ein reifer Mann.
Dir wird etwas sanft im Gemüt.
Du möchtest, dass im Bett nebenan
eine fremde Jugend glüht.
Dumm kann sie sein. Du willst: junges Tier,
ein Reh, eine Wilde, ein Elixier.
Dein Herz sagt:
Erde.

Und dann bist du alt.
Und ist es soweit,
dass ihr an der Verdauung leidet –:
dann sitzt ihr auf einem Bänkchen zu zweit,
als Philemon und Baucis verkleidet.
Sie sagt nichts. Du sagst nichts, denn ihr wisst,
wie es im menschlichen Leben ist …
Dein Herz, das so viele Frauen besang,
dein Herz sagt: »Na, Alte …?«
Dein Herz sagt: Dank.

Quellen

Alle Texte sind, soweit nicht anders vermerkt, im Verlag Herder, Freiburg im Breisgau erschienen.

Nataly Bleuel, Zweieinhalb Hochzeiten, aus: Diess., Ich will raus hier. Anstiftung zum guten Leben im falschen, 2015

Wilhelm Busch, Jähes Erwachen, aus: Ders., Vergnügliche Weisheiten gegen die Tücken des Alltags, 2013

Mary Gerold, »Natürlich ging ich nicht hin …«, aus: Fritz J. Raddatz, »Dann wird aus Zwein: wir beide«. Kurt Tucholsky und Mary Gerold, 2015

Johann Wolfgang von Goethe, alle Texte aus: Ders., Wahre Weisheiten über das Wesen der Frauen, 2014

Andreas Hain, alle Texte aus: Ders., Bescheidwisser. Warum Schuhe quietschen – und andere ganz alltägliche Weltwunder, 2014

Johann Peter Hebel, Unverhofftes Wiedersehn, aus: German Neundorfer (Hg.), Lebensfreude. Worte, die stark machen, 2015

Heinrich Heine, Ich grolle nicht, aus: German Neundorfer (Hg.): Das Einmaleins der Liebe. Lesebuch für Romantiker, 2010

Das Hohelied, Liebe, Tochter aller Wonnen, aus: Die Bibel. Die Heilige Schrift des Alten und Neuen Bundes. Vollständige Ausgabe, 2005

Annika Joeres, Der unperfekte Vater, aus: Diess., Vive la famille. Was wir von den Franzosen übers Familienglück lernen können, 2015

Stephanie Katerle, »Ich liebe meinen Job!«, aus: Diess., Love works. Job und Liebe gut vereinbaren. © Kreuz Verlag in der Verlag Herder GmbH 2014

Stephanie Katerle, Was ist Liebe?, aus: Diess., Auch Prinzen müssen Pipi. Warum der perfekte Partner nicht perfekt sein muss – und wie Sie ihn finden. © Kreuz Verlag in der Verlag Herder GmbH 2015

Lisa Kessler, Wie wir uns verlieben, aus: Diess., »Schatz, woran denkst du gerade?« Was Männer nicht hören wollen, Frauen trotzdem fragen

und andere Höhepunkte aus dem Leben zu zweit, 2013
Klabund, Liebeslied, aus: Liane Dirks (Hg.), Wohin das Herz dich trägt. Liebe. Eine literarische Reise, 2012
Tania Konnerth, alle Texte aus: Diess., Das kleine ABC der Liebe, 2015
Georg Christoph Lichtenberg, Über die Macht der Liebe, aus: Ders., Schriften und Briefe, Bd. 3, München, Hanser 1972
Joseph M. Marshall, Die Geschichte vom Flötenbauer, aus: Ders., Der stille Pfad. Indianische Weisheitsgeschichten, 2014
Tonja Pölitz, Deutsche made in Austria, aus: Diess, Ein Jahr in Wien. Reise in den Alltag, 2014
Rainer Maria Rilke, Ich fühl's, aus: Liane Dirks (Hg.), Wohin das Herz dich trägt. Liebe. Eine literarische Reise, 2012
Joachim Ringelnatz, Ehebrief, aus: Ders., Gute Laune Weisheiten für knallvergnügte Tage, 2014
Regine Rompa, Und immer wieder Gala, aus: Diess., Einfach genial! Kleines Handbuch der Inspiration, 2014

Arthur Schopenhauer: Über die Liebe, aus: German Neundorfer (Hg.): Das Einmaleins der Liebe. Lesebuch für Romantiker, 2010

Stephan Sepp, Über die Straßen, aus: Ders., Einfach Liebe. Mein Glück mit einer älteren Frau, 2014

Sören Sieg, alle Texte aus: Ders., »Auch hier?« Völlig unnütze Fragen, die Sie niemals stellen sollten, samt Antworten, die Sie niemals hören werden, 2014

Kurt Tucholsky, Der andre Mann, aus: German Neundorfer (Hg.): Das Einmaleins der Liebe. Lesebuch für Romantiker, 2010

Hildegund Wöller, Simson und Delila, aus: Diess., Liebe. Geschichten aus der Bibel, 2012